本书得到国家自然科学基金重大项目课题"新时代战略性关键矿产资源供给安全与管理政策（71991482）"资助

中国锂产业链安全态势与治理

周娜 吴巧生 徐德义 成金华 著

中国财经出版传媒集团
中国财政经济出版社

图书在版编目（CIP）数据

中国锂产业链安全态势与治理／周娜等著．——北京：中国财政经济出版社，2022.9

ISBN 978-7-5223-1676-5

Ⅰ．①中… Ⅱ．①周… Ⅲ．①锂电池-新能源-产业链-安全管理-研究-中国 Ⅳ．①F426.2

中国版本图书馆 CIP 数据核字（2022）第 165963 号

责任编辑：蔡　宾　　　　　　责任校对：徐艳丽
封面设计：陈宇琰

中国锂产业链安全态势与治理
ZHONGGUO LICHANYELIAN ANQUAN TAISHI YU ZHILI

中国财政经济出版社 出版

URL：http://www.cfeph.cn
E-mail：cfeph@cfeph.cn

（版权所有　翻印必究）

社址：北京市海淀区阜成路甲 28 号　邮政编码：100142
营销中心电话：010-88191522
天猫网店：中国财政经济出版社旗舰店
网址：https://zgczjjcbs.tmall.com
北京财经印刷厂印刷　各地新华书店经销
成品尺寸：170mm×240mm　16 开　11.75 印张　163 000 字
2022 年 9 月第 1 版　2022 年 9 月北京第 1 次印刷
定价：65.00 元
ISBN 978-7-5223-1676-5
（图书出现印装问题，本社负责调换，电话：010-88190548）
本社质量投诉电话：010-88190744
打击盗版举报热线：010-88191661　QQ：2242791300

前 言

主要工业化国家发展轨迹已证实大宗矿产资源消费量在达峰后逐渐呈现零增长或负增长的"S"型轨迹。类似地,中国大宗矿产资源消费量预计将陆续在 2025 年前后达峰。同期作为战略性新兴产业与现代国防建设的关键原材料,过去经济价值低且用量小,但攸关国家产业安全、经济安全的矿产资源——关键矿产需求量不断上涨,战略地位逐渐提升,全球主要经济体在事关战略性新兴产业发展的矿产资源领域的博弈将愈加激烈。考虑到上述矿产资源供求趋紧、价格震荡的态势很可能会长期持续,且现有矿产资源全球产业链治理框架存在明显的利益失衡现象,亟须提升矿产资源产业链治理水平以支撑和保障国家安全。中国作为全球主要的矿产资源大国、生产大国与消费大国,构建了全球市场规模最大的现代化资源产业体系。2014 年,习近平总书记提出必须坚持总体国家安全观,发挥大国内需主导国内可循环的优势,应对发展环境的不确定性与不稳定性。总体国家安全观下矿产资源安全问题不仅是简单的市场、贸易与价格问题,更涉及一系列政治、外交与全球治理战略。锂资源作为新一代电池技术的关键原料,广泛应用在新能源汽车产业,同时也是电子核心基础产业、生物医药产业、航空装备产业与新兴金属功能材料产业的重要原料,已成为中国、美国、日本、澳大利亚和欧盟等国家或地区资源博弈的核心。中国作为锂来料加工为主的国家,锂资源对外依存度高,锂产业链布局较为广泛、完整。随着交通领域提前达峰和碳中和等政策目标的逐步实施,未来中国电动汽车用锂需求将会进一步扩大,引发对锂产业链安全治理问题的担忧。

首先,本书以矿产资源全球产业链为切入点,基于已有矿产资源安全评价理论、国家资源治理理论和全球价值链治理理论等的研究范式,总结当前国际国内环境不确定性根源于新一轮科技革命与产业变革造成的生产力和生产关系的深刻调整以及新冠疫情引发的全球价值链收缩与产业空间集聚化趋势。阐明了总体国家安全观下矿产资源安全的新诉求,即资源需求赤字已成为影响资源成本的关键,需要发挥超大规模国内市场优势,管控供应链产业链价值链创新链多链耦合引致的风险,一方面提高矿产资源产业链韧性;另一方面以人类命运共同体为目标实现共同安全。结合总体国家安全观下矿产资源安全新诉求与锂资源分布集中且共伴生、高技术、高投机和高全球价值链黏性属性,提出了国家锂产业链安全分析框架,即不仅反映了锂资源对战略性新兴产业与国民经济发展的基础支撑作用,而且考虑了全球供应稳定性,并强调产业链各环节的协同、国内安全与全球资源治理的协同意义。在此基础上构建了综合考虑国家意志与市场力量协同的中国锂产业链安全治理体系框架。

其次,全面梳理全球锂产业链的资源分布、生产、消费和贸易基本格局,明确了当前中国在全球锂产业链中的地位:中国是全球锂经济可采储量第四大国,但锂盐产量不高,依赖从智利和澳大利亚进口的初级锂资源成为全球最大的锂中间品和最终产品制造大国,同时也是全球最大的含锂产品消费国;当前中国在全球全产业链锂贸易中的贸易能力良好、多元化特征明显,但贸易影响力不足。系统分析了当前中国锂储量与资源量,使用哈伯特模型计算不同最终可采储量情景下中国锂资源供应达峰时间与年产量。按照历史开采速率估计,中国锂资源产量将在2070~2090年达峰,且在2050年前不同最终可采储量情景下国内锂产量差别较小,预计2030年产量在1.4×10^4吨金属锂左右,到2050年产量增长至4×10^4吨左右。全面梳理当前中国锂资源下游应用领域及份额,基于对致力于"弯道超车"的新能源汽车产业政策持续作用的长期判断,分析未来电动汽车不同市场占有率情景下新能源汽车产业发展的锂需求量。结果显示,到2030年仅新能源汽车领域消费的锂资源量

预计达到 $(2\sim5)\times10^4$ 吨,到 2050 年增长至 $(9\sim14)\times10^4$ 吨,未来中国仅新能源汽车领域的锂需求已超过国内锂供应,锂产业链安全形势严峻。

再次,基于总体国家安全观下锂产业链安全分析框架,从已有文献中梳理出影响矿产资源产业链安全的指标,基于资源供给风险的视角,从全球资源安全、国内资源经济安全与优态共存 3 个子目标共 7 个维度优选出 20 个评价指标形成中国锂产业链安全评价指标体系,对中国 2010～2019 年的锂产业链安全水平进行事后评价。结果显示,中国锂产业链的安全水平不断提高,与优态共存子目标的变化密切相关;国内资源经济安全是制约中国锂产业链安全提高的短板,立足新发展格局背景,未来中国锂产业链安全优化的方向是提高国内资源经济安全。

基于对未来中国锂资源国内供给侧和需求侧的判断,重点关注长期中国锂资源在供给侧资源约束和电动汽车发展助推需求增长情景下国内锂产业链运行的安全态势,且模拟了新冠疫情造成的短期冲击对国内锂产业链安全的影响。情景分析结果显示,中国锂产业链消费驱动特征明显,长期内中国锂最终可采储量的变化对锂产业链安全的改善不会产生显著影响,而电动汽车行业的发展会使中国锂需求增长明显,影响未来中国锂产业链安全。国内锂产业链对新冠疫情造成的短期冲击具有韧性,但产能过剩问题加剧。

最后,在进一步梳理和总结以美国、澳大利亚为代表的关键矿产资源国,和以欧盟和日本为代表的关键矿产资源进口依赖国的关键矿产资源安全治理实践和启示的基础上,本书使用情景分析方法模拟了产量提升、回收利用与材料替代的政策组合对中国锂产业链安全提升的作用,从笔者搭建的总体国家安全观下的锂资源治理框架出发,从立足国内提高产业链韧性和着眼全球提高资源治理能力出发提出了中国锂产业链安全治理的政策建议。

本书得到国家自然科学基金重大项目课题"新时代战略性矿产资源供给安全与政策"与中国地质大学(武汉)"地大学者"人才岗位科

研启动经费的资助。作者感谢余瑞祥教授、肖建忠教授、李世祥教授、易明教授、张伟教授、李通屏教授、金贵教授、王德运副教授、朱永光副教授、万天菊、薛双娇、苏慧、毕致玮、李军辉等在书稿撰写和校稿中的无私帮助与奉献。

作者

2022 年 6 月

目　录

第一章　绪论 …………………………………………………………（1）
　　第一节　研究背景与意义 ………………………………………（1）
　　第二节　相关概念辨析 …………………………………………（7）
　　第三节　国内外研究综述 ………………………………………（11）
　　第四节　研究内容与研究方法 …………………………………（19）

第二章　总体国家安全观下锂产业链安全治理的理论解构 ………（25）
　　第一节　相关理论基础 …………………………………………（25）
　　第二节　总体国家安全观与矿产资源安全诉求 ………………（35）
　　第三节　总体国家安全观下锂产业链安全治理新机制 ………（39）
　　第四节　本章小节 ………………………………………………（48）

第三章　全球锂资源全产业链格局与中国供求趋势 ………………（50）
　　第一节　全球锂资源全产业链格局 ……………………………（50）
　　第二节　中国锂资源供给趋势判断 ……………………………（62）
　　第三节　中国锂资源需求判断——新能源汽车发展视角 ……（68）
　　第四节　本章小结 ………………………………………………（78）

第四章　中国锂产业链现状分析与安全评价 ………………………（79）
　　第一节　中国锂产业链现状分析 ………………………………（79）
　　第二节　中国锂产业链安全评价指标识别 ……………………（83）

第三节　指标量化与数据来源 …………………………………（86）
　　第四节　评价结果与敏感性分析 …………………………………（97）
　　第五节　本章小结 ………………………………………………（101）

第五章　中国锂产业链安全态势：基于产业链韧性视角 ………（103）
　　第一节　锂产业链韧性及影响因素 ……………………………（103）
　　第二节　中国锂产业链系统动力学建模 ………………………（105）
　　第三节　模型验证、未来趋势判断与敏感性分析 ……………（121）
　　第四节　新冠疫情短期冲击对中国锂产业链的影响 …………（127）
　　第五节　本章小结 ………………………………………………（129）

第六章　中国锂产业链安全治理的对策建议 ……………………（131）
　　第一节　主要经济体关键矿产资源治理实践及启示 …………（131）
　　第二节　中国锂产业链安全提升策略讨论 ……………………（136）
　　第三节　提升中国锂产业链安全治理水平的政策建议 ………（139）
　　第四节　本章小结 ………………………………………………（144）

第七章　主要结论 …………………………………………………（145）

参考文献 ……………………………………………………………（149）

第一章 绪论

第一节 研究背景与意义

一、研究背景

(一) 关键矿产资源安全已成为大国博弈与全球治理的重要关切

矿产资源作为工业化的物质基础,深刻影响着当今社会的发展进程。从全球经济发展轨迹看,重要大宗矿产资源消费历史呈现"S"型的演进规律,表现为大宗矿产资源消费量在达峰后,逐渐呈现零增长或负增长状态[1-3]。与主要工业化国家发展轨迹类似,工业化后期和后工业化时代的到来使中国大宗矿产资源消费量将陆续在 2025 年前后达峰[4]。同期,发展战略性新兴产业已被写入中国 2035 年远景目标,是加快建设现代化产业体系,推动经济体系优化升级的重大战略部署[5]。过去许多用量小、经济价值低的小矿种成为需求激增且价格弹性小的大矿种,在包括新能源汽车产业在内的 9 大领域 166 个类别中均有广泛应用(图 1-1)。随着战略性新兴产业的不断发展和国防建设的需要,作为战略性新兴产业的关键原材料,这些矿产资源的重要战略地位逐渐深化。

以锂资源为例,其作为新一代电池技术中的重要原料广泛应用在新能源汽车产业,也是基础电子材料、3C 产品等的重要原材料在电子核心基础产业中的重要性较高,同时也是生物医药产业中诊断试剂和高端医疗设备的重要原料,此外还广泛应用于航空装备产业、新兴金属功能材料产业。

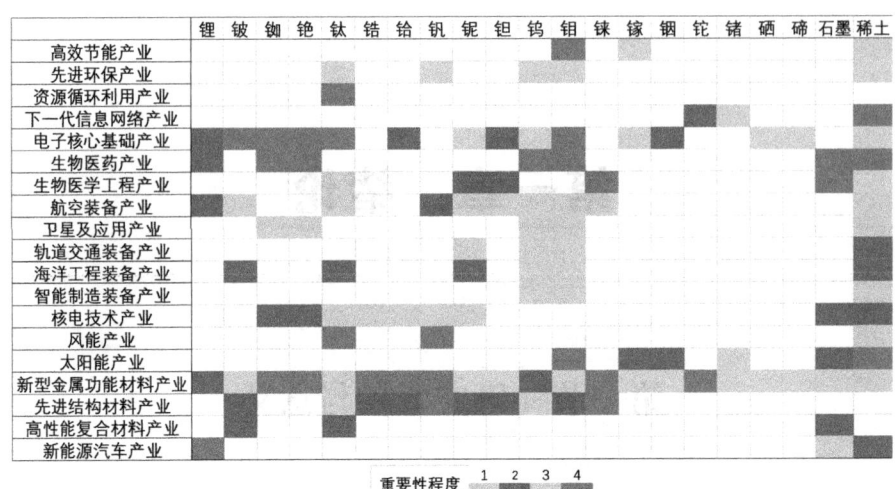

图 1-1　部分关键矿产在战略性新兴产业中的应用
数据来源：根据李鹏飞等（2014）和中国地质调查局（2016）[6,7]绘制

另一方面，已经迈入后工业化时代的发达国家基于本国安全和产业发展的需求，相继发布了关键矿产资源清单，如图 1-2 所示，以形成成熟的关键矿产资源安全治理体系[8]，且致力于调整全球关键矿产资源供求格局和重构关键矿产品贸易规则。中国自然资源部于 2016 年发布的《全国矿产资源规划（2016—2020）》①，首次提出了 24 种战略性矿产资源目录，与美国、日本、澳大利亚和欧盟等国家或地区的关键矿产资源清单涉及矿种重合度较高。这表明全球主要经济体在关键矿产资源领域的博弈将不可避免，且愈加激烈。

此外，现有矿产资源全球产业链治理框架在资源进口国与出口国之间、产业链上游与下游之间存在明显的利益失衡现象。缺乏产业链后端优势的关键矿产资源上中游产品供应国，始终面临被掌握产业链后端优势的发达经济体"卡脖子"的被动局面。中国作为全球主要的矿产资源大国、生产大国与消费大国，发挥大国内需主导，通过管控供应链、产业链、价值链、创新链，多链耦合引致的风险，创造有利于新技术大规模应用的国

---

① 自然资源部. 全国矿产资源规划（2016-2020 年）[EB/OL]. [2016-11-15/2021-04-30] http://www.mnr.gov.cn/gk/ghjh/201811/t20181101_2324927.html.

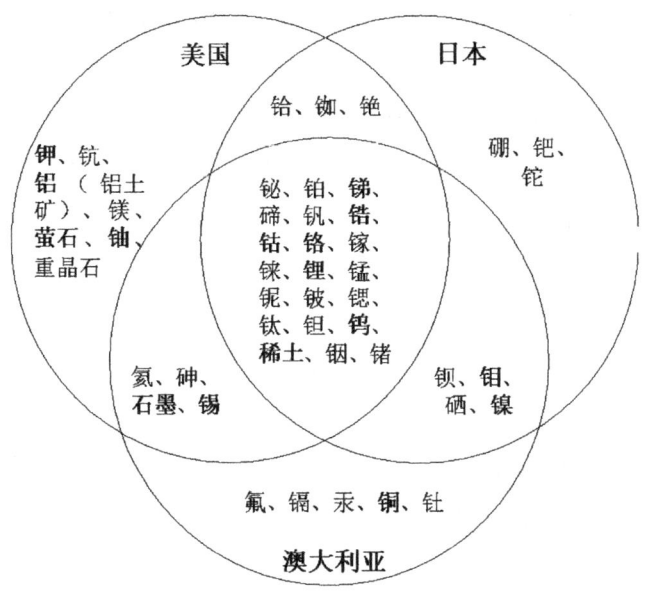

图1-2 主要国家关键矿产资源清单

数据来源：根据吴巧生等[9]的研究绘制，图中加粗矿种为中国战略性矿产资源

内环境，提高矿产资源产业链韧性，是提升关键矿产资源安全水平以支撑和保障国家安全，且实现人类命运共同体迈向共同安全的治理需要[10]。

（二）全球锂资源分布不均严重威胁区域锂资源供需平衡

美国地质调查局（USGS）数据显示，全球锂资源丰富，以2019年探明储量和产量估算储产比为241年。锂由于化学性质活泼，在自然界中无法以单一元素存在，主要存在于氧化物或氯化物等离子化合物中[11]。目前，全球锂经济可采储量为 21×10^6 吨金属锂（如无特别说明，本书中使用的锂计量单位均为金属锂），储量分布集中：约 9.2×10^6 吨分布在智利，占全球总储量的43.8%；澳大利亚以 4.7×10^6 吨的锂储量成为全球第二大锂储量国，占全球锂总储量的22.4%；中国锂储量 1.5×10^6 吨，是世界第四大锂储量国，但受限于高昂的开采成本[12]，开发利用程度不高[13]。与全球锂盐资源分布在少数国家的情况类似，全球碳酸锂产能与产量分布呈现高度寡头垄断特征，长期集中在少数企业中，如美国雅宝与FMC，智利的SQM，阿根廷的Orocobre。

从需求端看，锂终端应用领域主要是陶瓷和玻璃、电池、润滑脂、医药和聚合物、空气处理、原铝生产和连铸等。2010 年以来，全球锂资源终端使用及其应用份额如图 1-3 所示。图中显示自 2015 年起电池已经成为全球锂终端应用的最大领域，到 2019 年电池领域锂消费份额达到 65%[14]，其中约 70% 的锂电池用于电动汽车[15]。到 2030 年，随着电动汽车能量密度的提高和快充技术的发展，电动汽车领域锂需求预计将以每年 30% 的速度增长[15]。尽管电动汽车领域锂用量将持续走高，但现有研究基本形成了一致结论：本世纪内全球锂供给将能满足终端市场发展需求[11]，但由于锂矿床与产能在全球范围内分布不均，未来社会因素、政治因素、经济贸易因素以及地缘政治对区域锂安全作用较大[16]，主要经济体正加紧全球锂布局。中国作为锂来料加工为主的国家，锂资源对外依存度高，地缘政治的不确定性使中国锂资源的稳定供应面临较大潜在风险。

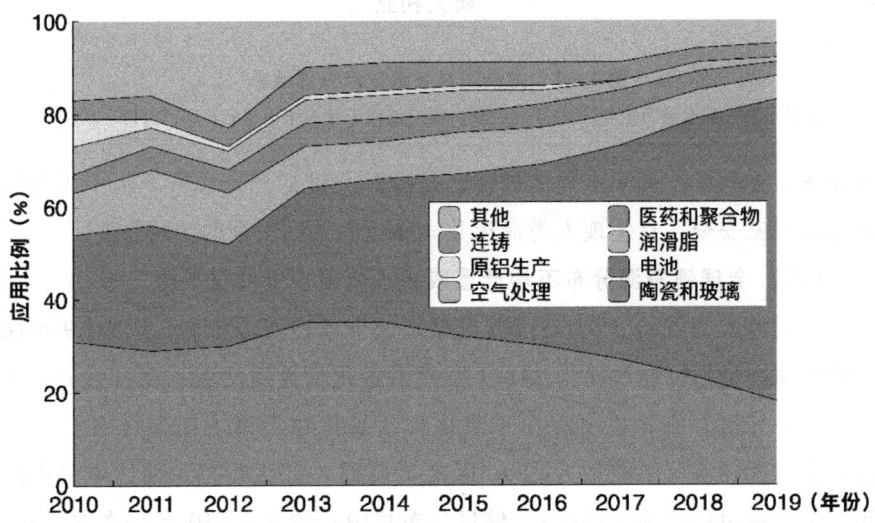

图 1-3 2010-2019 年全球锂资源终端使用份额（%）变化
数据来源：根据美国地质调查局（USGS）[14]数据整理

（三）碳达峰和碳中和导向的交通领域减排需求加剧中国锂资源供需矛盾

交通运输部门二氧化碳排放量占全球总排放量的 23%[17]，已成为全球变暖的主要来源。改革开放以来中国经济发展迅速，能源消耗和碳排放量不断增加[18]，且分别于 2009 年和 2013 年超过美国，一跃成为世界上最大的温室气体排放国和石油进口国[19, 20]。与全球温室气体排放来源相同，交通运输部门对中国空气质量的恶化和能源安全压力负有主要责任。在中国，超过70%石油以及8%的终端能源都用于交通领域[21]，按此消费速度预计中国交通领域碳排放量占总排放量的比重将从2012年的8.5%增加到2050年的30%[22]。作为交通运输部门低碳和绿色发展的必然选择，电动汽车提供了交通运输部门实现碳减排和降低石油需求的有效途径[23, 24]。Wu等[25]的研究显示，与内燃机汽车全生命周期能耗相比，纯电动汽车（BEV）、插电式混合动力汽车（PHEV）和混合动力汽车（HEV）在全生命周期内分别仅消耗了其1%、50%和71%的石油。在能源安全和碳减排的双重压力下，中国新能源汽车产业在中国政府的持续支持下茁壮发展[26, 27]。2020年，中国新能源汽车产量达到136.6万辆，与2010年7181辆节能与新能源汽车产量相比增长了190倍；同时国内新能源汽车的销量大幅增长，2010年中国新能源汽车销量仅为4884辆，到2020年销量达到136.7万辆，其中纯电动汽车和插电式混合动力汽车销量共计136.6万辆①，占全球电动汽车（BEV + PHEV）销售份额的45.5%②，是全球最重要的新能源汽车市场。

中国作为全球主要的新能源汽车生产和消费国，随着交通领域提前达峰和碳中和等政策目标的逐步实施，未来电动汽车需求将会进一步扩张，带动作为电动汽车动力电池主要原料的锂资源需求进一步扩大，引发对锂资源供求稳定性和锂产业链安全问题的担忧。

二、研究意义

本书基于矿产资源安全评价理论、国家资源治理理论和全球价值链治理理论，在梳理总体国家安全观下矿产资源安全诉求的基础上，尝试提出

---

① 数据来源于工业和信息化部发布的汽车经济运行情况：https://www.miit.gov.cn/gxsj/tjfx/zbgy/qc/index.html
② 根据IEA发布的报告《Global EV Outlook 2021》，2020年全球电动汽车销售量约为300万辆。

中国锂产业链安全分析框架与锂产业链安全治理逻辑；在收集和整理锂资源全球生产、消费和贸易的基础上，试图厘清中国在全球锂资源全产业链中的地位；基于总体国家安全观下锂产业链安全分析框架，构建中国锂产业链安全评价指标体系，对中国锂产业链安全水平进行事后评价，把握中国锂产业链安全的动态变化特征，寻找影响中国锂产业链安全状态提升的短板；在此基础上，从系统论出发，基于产业链韧性视角，采用系统动力学方法构建中国锂产业链模型，以未来中国锂资源供给和需求形势判断为主要输入，预测未来中国锂产业链应对供给侧冲击和需求侧冲击时的安全状态并提出相应的政策建议，具有理论意义和现实意义。

（一）理论意义

本书的理论意义体现在以下三个方面：其一，在总体国家安全观下，丰富了矿产资源安全内涵：一是国内产业发展造成的资源需求赤字势必成为影响资源供应成本的关键，迫切要求提前布局与战略性新兴产业密切相关的小矿种的全产业链格局；二是国家矿产资源安全需要以人类命运共同体为目标，朝着共同安全的目标迈进；三是未来中国矿产资源安全强调发挥超大规模国内市场优势，通过管控供应链产业链价值链创新链多链耦合引致的风险，创造有利于新技术大规模应用的国内环境，提高矿产资源产业链韧性，实现资源优化配置。其二，发展了锂产业链安全评价理论。在新发展格局下，国家锂资源安全面临的风险来源于资源生产、消费、流通、环保及国际贸易等各环节，要求一方面关注国内需求，致力于通过市场机制提高产业链韧性以应对国内供应不足对需求的冲击；另一方面，体现负责任大国维护人类命运共同体发展的决心与使命，联合全球全产业链多层次主体，管控供应链、产业链、价值链、创新链，多链耦合引致的风险。其三，构建了综合考虑国家意志与市场力量双重协同的中国锂产业链安全治理体系框架。

（二）现实意义

全球低碳转型背景下，中国作为一个负责任大国提出了碳达峰和碳中和目标，以"纯电驱动"战略为主导的交通领域碳达峰碳中和目标的设定使国内锂资源需求端面临的压力不断高涨，受限于国内锂资源潜力和全球锂一次资源供应的高度集中,未来中国锂资源供需失衡态势将会日益扩张。一方面,随着越来越多的国家参与到全球锂贸易的竞争中来,全球锂贸易规模将继续扩大,国家间的贸易竞争更加激烈。另一方面,受不同国家经济发展、地缘政治风险等因素的影响,全球锂贸易格局变得越来越复杂。充分把握新发展格局矿产资源安全的内涵,基于未来锂资源供给和需求基本面的判断,在客观评价锂产业链安全水平的基础上,研判中国锂产业链在未来供给和需求变化情景下的安全趋势,提出满足中国战略性新兴产业发展需要的中国锂产业链安全治理方案,具有重要的实际意义。

第二节　相关概念辨析

一、关键矿产、战略性矿产概念辨析

当前对于"危机矿产""关键矿产""关键金属""战略性矿产""战略性新兴产业矿产""战略性关键矿产""三稀矿产""战略性高技术矿产"等概念的讨论方兴未艾。对关键矿产资源安全治理的分析,首先有必要明确上述概念的联系和区别。"危机矿产""关键矿产"或"关键金属"(Critical Minerals)与"战略性矿产"(Strategic Minerals)源于美国20世纪30年代末矿物原材料供给储备,其中"战略性矿产"最早作为一个军事概念提出,"关键矿产"则概括为受限于国内资源禀赋或生产开采条件,在战争等造成的国家紧急状态下,对国防、工业和居民基本生活需求造成重要影响的矿产资源[9,28],因此"关键矿产"包含"战略性矿产"[29]。"战略性新兴产业矿产"与"战略性高技术矿产"则强调与新技术和新材料产业发展有关的重要原材料。2016年11月,自然资源部印发《全国矿产资源规划(2016—2020)》(以下简称为《规划》),全文共出现"战略性矿产"概念11次,"战略性新兴产业矿产"概念7次。《规划》共列出

24种战略性矿产,包括6种能源矿产、14种金属矿产和4种非金属矿产。战略性新兴产业矿产则是与新兴产业发展息息相关的非常规能源、稀土、铌、钽、锂、晶质石墨等。王登红[29]在此基础上将"战略性关键矿产"界定为"用量不大但关键"的战略性矿产资源。

国外已有众多机构和学者对矿产资源的关键性进行了评价与研究,如美国国家研究委员会(NRC)[30]、欧盟委员会(EC)[31-34]、Graedel等[35]、Nassar等[36],"关键矿产评价或遴选"已经成为了一个新的研究领域[37],但目前并没有形成一般性的评价方法[38,39]。美国国家研究委员会[30]从使用的重要性和可用性两个维度完成了关键性矿产评估,使用的重要性指标是指一种特定矿物的替代在技术上是困难的或昂贵的,可用性指标表示中长期内一次或二次资源的稳定供应。他们将矿产资源按危机性分为最强、较强、相对重要与关键性最差4类。其中,包括铍、铌、钽在内的14种矿产的危机性等级最高。欧盟委员会通过测算经济重要性指数、供给风险指数与环境风险指数来衡量矿产资源的关键性[31-34],且每3年更新一次关键矿产资源清单。Graedel等[35]和Nassar等[36]从供给风险、环境影响和供给受限的脆弱性三个维度提出了金属矿产资源关键性评价方法,其中供给风险评价分为中长期与长期两个维度,中长期供给风险包括地质、技术和经济因素,社会规制与地缘政治三个方面,长期供给风险来源则主要考虑地质、技术和经济因素。上述方法在测算供给受限引起的脆弱性时,主要从全球、国家和企业三个层次,分别从重要性、可替代性和创新性等维度开展。

以上述研究为基础,众多学者和机构进一步构建关键矩阵(Criticality matrix),并应用于金属矿产和工业原材料的评价中。诸如,美国能源部(DOE)从全球层面出发分别就5年期和10年期两个时间尺度评估关键矿产的机遇和风险,以制定关键材料战略;GE公司从企业层面出发分析价格上涨与供给受限时的原料供应,并筛选出7种对GE公司重要的关键原料;Rosenau-Tornow等[40]通过情景分析,为美国国防战略和关键物资储备管理筛选了关键原材料清单;IW咨询公司为德国Bavaria州评估37种金属矿产和工业原料的供给风险和脆弱性。

国内学者针对关键矿产或战略性矿产的研究主要集中在对国外相关研究的对比和总结[41]，以及关键指标选择[28]方面。其中，陈其慎和王高尚[42]从国内保障状况、境外获得难度、经济和国防意义三个维度选取11个评价指标对中国38种战略性矿产资源进行了重要性评价，结果中稀有矿产资源锆、铌、钽、铍等重要性较高，锗、铟、铊、镉的重要性得分较低。李鹏飞等[6]从供应风险、环境影响和供应受限的经济影响三个维度，分解出地质性因素、技术性因素及经济性因素、社会发展水平、矿业监管政策、地缘政治因素、全生命周期环境影响、经济重要性、材料可替代性和对供应受限的敏感性9个评价指标，并对部分矿产资源的战略性进行了评价。李芳琴[43]引用欧盟关键矿产计算过程，采用价值增值链的方法，计算了中国重要矿产资源的经济重要性，结果显示锆、铍等的经济重要性排序较为靠前，钽、锂等次之，铌等则较为靠后。

二、国内外储量和资源量定义比较

分析未来锂产业链安全需要明确资源相关基础定义。已有文献广泛使用了储量（reserves），资源量（resources），可采资源（recoverable resources），基础广泛的储量（broadbased reserves）和原地资源（in-situ resources）等术语[44]。由于不同国家或者地区使用的矿产资源分类标准各异，因此从不同国际组织或平台收集得到的矿产资源原始数据可能存在较大差别[45]。本书主要使用来自美国地质调查局和中国地质调查局发布的相关矿产资源的基础数据，因此有必要明确中美两国固体矿产资源分类的联系和区别，如图1-4所示。中国现行的固体矿产资源分类标准为自然资源部2020年颁发的《固体矿产资源储量分类》（GB/T 17766-2020）[46]，将固体矿产资源按查明与否分为查明矿产资源与潜在矿产资源（如图1-4（1）所示）。查明矿产资源按照能否满足开发需求进一步分为资源量和尚难利用矿产资源。按地质可靠性程度的提高可进一步将资源量分为推断资源量、控制资源量和探明资源量。在探明资源量和（或）控制资源量中的经济可采部分即为储量，并按照采矿、加工选冶、基础设施、经济、市场、法律、环境、社区和政策等转换因素的确定程度由低到高进一步细分为可信储量和证实储量。根据美国地质调查局[47]矿产资源储量和资源分类,按照地质可靠程度和经济可行性将矿产资源划分为三大类:资源,基础储量与储量,这与中国 1999 年颁布并实施的《固体矿产资源/储量分类》(GB/T17766-1999)类似(图 1-4(2))。资源量按照地质可靠性由低到高依次是假想资源量、假设资源量(在 GB/T17766-1999 中上述两类统称为预测资源量)、推断资源量、控制资源量和探明资源量。资源量、基础储量和储量则是按照经济可行性水平由次经济的资源逐渐提升为边际经济的资源和经济的资源。

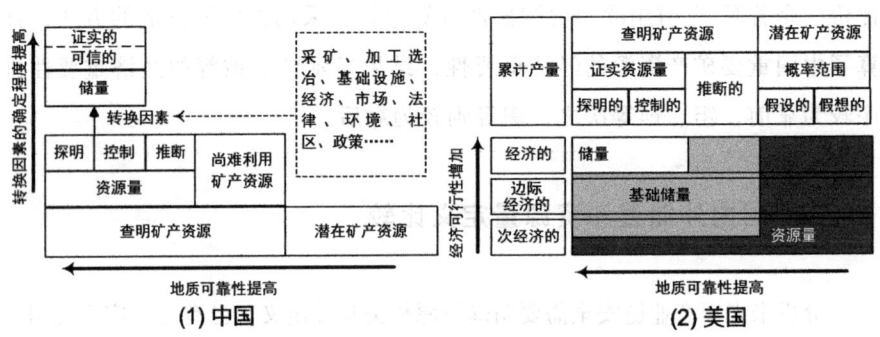

图 1-4　中国与美国固体矿产资源分类对比

数据来源:中国固体矿产资源分类为作者根据 GB/T 17766-2020①绘制,美国矿产资源分类根据 Calvo 等[45]译制,原图已按照 GB/T 17766-1999②翻译为中文。

---

① 全国标准信息公共服务平台. 固体矿产资源储量分类 [EB/OL]. http://std.samr.gov.cn/gb/search/gbDetailedCNF? id=A24AF19F40E25C2EE05397BE0A0A5E0D

② 联合国欧洲经济委员会. 中国国家标准《固体矿产资源/储量分类》(GB/T 17766-1999) 与《联合国化石能源与矿产储量与资源分类框架》(2009) 对接文件 [EB/OL]. https://unece.org/DAM/energy/se/pdfs/UNFC/UNFC-China-Bridging-Document-Public-Comment/BD_between_GBT_17766-1999_and_UNFC-c.pdf

第三节 国内外研究综述

一、矿产资源供需预测

(一) 矿产资源供给预测

现有研究可耗竭资源供应潜力的方法主要分为以储采比为代表的静态方法和哈伯特(Hubbert)模型为代表的动态方法。储采比使用探明储量与特定年份产量的比衡量可用储量维持当前产量水平的年限[45]，已被广泛应用于化石燃料与金属资源的未来可用性预测中[48-51]。如 Harmsen 等[52]对全球铜稀缺性的研究显示，尽管过去 20 年全球铜产量增长，得益于技术进步带来的全球铜储量有效增加，全球铜储采比维持在 35 年左右。但由于储采比指标假设开采量与开采质量不随时间移动而改变，而实际中随着累计产量的增加，矿石开采的平均品位会逐渐下降，这需要投入更多的成本以获得相同的产量[52]，因此作为静态指标的储采比并不能很好反映化石燃料或金属矿产的动态供应情况。此外，经济、环境或政府规制等因素的变化可能使储采比在短期内发生显著变化[53]。因此，现有文献一般将储采比作为可耗竭资源可供性的早期预警指标[54]。

哈伯特模型为预测不可再生资源供应模式提供了另一选择。该模型由美国地球物理学家 Hubbert[55]提出。他在考察美国德克萨斯州以及全球煤炭、原油和天然气的生产曲线时发现每条曲线都遵循钟形规律，即产量在缓慢开始后经历陡峭的上升期直到最终达到拐点，之后再向下弯曲[56]。与储采比相反，哈伯特模型是关于产量的动态模型，根据历史产量和基于可用储量或资源量的未来估计生成钟形产量曲线。国际上将该方法扩展应用于评价石油和矿产资源的达峰时间与产量预测[57,58]。如 Cordell 等[59]预测全球磷产量峰值出现在 2030 年左右。Calvo 等[45]计算了全球 47 种矿产资源的产量达峰时间,结果显示全球锑和金产量已分别于2012年和2014年达峰,未来50年内包括锂、锰、镍、锌在内的12种矿产资源产量将达峰且缓慢下降。李天骄等[60]采用哈伯特模型分析了中国锑、锡、铅、锌、钴、铜、铝土、钨、镍和钼资源的达峰时间,结果显示中国锑矿已于2014年达峰,2030年前中国锡、铅、锌资源产量将达峰,钴、铜、铝土矿则在2040年达峰,钨、镍和钼达峰时间在2040年以后。基于经典哈伯特模型,已有研究通过向经典模型中添加相应参数产生了多峰哈伯特模型[57],并被广泛用于石油天然气开采建模中[61]。由中国陈千元教授提出的广义翁氏模型和多峰广义翁氏模型[62]被广泛应用于油气和稀土资源产量预测[63,64]。

目前,也有许多研究质疑哈伯特模型产量预测结果[56,65],如Wellmer和Scholz[66]的研究显示大多数矿产资源的产量高峰是由于需求减少,而不是供给端资源限制的结果。他们指出,自1900年以来,全球黄金产量在1912年、1940年、1970年、2001年和2014年达到五次峰值。除20世纪40年代在较高Hubbert高峰后由于第二次世界大战的影响,黄金产量出现长期性下降,其他4次峰值后更高的价格使全球黄金产量达到更高的生产高峰[56]。尽管对哈伯特模型的争论从未停止,但正如Calvo等[45]的观点,即使该模型与其他模型一样有固有的缺点,但作为一种简单直接的方法,可以提供耗竭程度的数量级并提供可能的未来趋势和生产极限。

目前,已有众多文献采用哈伯特模型研究全球锂资源可获得性及其相关的市场政策[67],结果均显示在本世纪内全球锂应用不会面临重大资源制约[11,68]。不少以国家为单位的全球锂资源产量峰值研究也涉及对中国锂资源产量的判断,但较少有文献专门研究中国锂资源产量和峰值。

(二) 矿产资源需求预测

矿产消费中长期预测需要充分解释历史尺度的需求演变及其主要决定因素,如GDP、技术、价格等因素与矿产资源消费之间关系[69]。传统可用于中长期需求预测的方法可大致分为基于统计数据的趋势推断法以及定量和定性方法结合的情景分析法两类。趋势推断法依赖计量经济学分析总结历史需求规律,推断未来需求发展态势。如王安建等[1-4,70]基于人均大宗矿产资源消费与人均GDP的S形规律预测了中国一次能源、钢铁、铜和铝未来需求。Jaunky[71]使用奥地利、加拿大、丹麦等20个高收入国家的铝消费数据检验了材料库兹列茨曲线。Mehmanpazir等[72]使用多元对数回归分析方法模拟了伊朗钢铁行业的需求。Elshkaki等[73]使用线性回归模型拟合了全球9个行业的铜需求。崔晓林[74]采用灰色预测模型预测了中国锂资源需求量。上述方法能够较好刻画需求随经济增长的长期发展态势，但对政策等因素的影响不敏感。

将定性分析与定量方法结合的情景分析法，考虑了未来可能出现的政策情景与发展变化，被用于矿产资源中长期分析。如Van Der Voet等[75]采用情景分析法分析了铁、铝、锰、铜、锌、铅和镍在未来不同需求情景中的环境效应。也有研究基于静态或动态物质流方法（MFA），分析矿产资源下游应用行业发展的矿产资源需求，使未来资源需求与废物产生相协调[76]。

另有学者采用系统论思想，使用系统动力学模型刻画矿产资源供给和需求系统的相互作用，判断未来矿产资源的供给和需求。如Sverdrup[77]采用系统动力学模型对全球锂动态供应进行了研究。Choi等和Liu等[78,79]则分别从全球和中国两种层面分析了清洁能源技术发展对全球铜供给和需求的影响以及对中国锂供给和需求的影响。Sun等[80]研究了未来中国汽车电气化进程对地区锂平衡的影响。

（三）未来锂资源供需研究

已有大量的研究关注未来锂的供需情况。基于资源的最终可回收性[16,44,81-83]，现有研究预测了锂达峰时间与年产量，并将结果与预期需求进行了比较。已有研究在试图确定锂的预期需求时，主要考虑了最终用途产品，包括铝冶炼、空气处理、润滑剂、锂电池、陶瓷和玻璃[84]，并与锂年度开采率或当前已知的锂储量比较[85-87]。如Zeng和Li，Simon等[87,88]采用静态物质流分析方法评价了特定时间的锂供应和需求的可用性。Sun等[89]采用动态物质流分析法关注全球1994~2015年的锂流动。现有文献中对全球或区域层面锂物质流的分析[80,90-92]都是回顾性的，显示了过去时间范围内的锂物料流动特征，反映了锂工业发展以及锂供需现状[80,91,92]。已有研究可以观察到全球锂的未来供应和需求处于平衡状态。

锂被认为是电动汽车电池的关键元素[93]。2015年，锂离子电池取代了陶瓷和玻璃成为锂下游应用的主要领域，占锂消费量的39%[94]。在所有由锂离子电池供电的产品中，电动汽车的单位锂含量最高[92]。未来电动汽车的发展产生的锂需求导致人们对锂产业链稳定运行的担忧，威胁锂安全。但上述研究仍专注于锂的可用性分析，而没有分析锂的风险响应能力；由于缺乏有关产业链中间环节的讨论，因此潜在风险分配的细节尚不清楚[80]，导致很难提供有关优化供应结构的具体建议。

国内文献主要结合部门消费法和情景分析法预测未来中国锂资源需求量，且主要关注汽车电气化带来的锂需求。这是因为美国地质调查局数据显示，2018年电池中锂消费量占中国锂资源总消费量的56%[95]，而这一比例在2010年仅为23%[96]。张念和张逸航[97]依据《中国汽车产业中长期发展规划》设定的国内新能源汽车目标产量，预测到2030年，新能源汽车动力电池对碳酸锂的需求量达到 75.2×10^4 吨（约 14.1×10^4 吨金属锂）。邢佳韵等[84]预计到2025年中国纯电动汽车和混合电动汽车总销量达到390万辆，消费锂资源 2.1×10^4 吨。崔晓林[74]对中国锂资源需求量的预测结果显示2017年、2020年、2025年和2030年分别达到 1.8×10^4 吨、2.62×10^4 吨、4.06×10^4 吨和 7.22×10^4 吨。张泽南等[98]基于未来锂消费行业的需求判断，预测电池部分锂消费量到2030年达到 38.89×10^4 吨碳酸锂（约 7.5×10^4 金属锂），助推国内碳酸锂需求达到 50×10^4 吨（约 9.4×10^4 金属锂）。以2030年为例，现有文献对中国锂资源的需求量预测结果在 $(7.22 \sim 14.1) \times 10^4$ 吨，结果差异较大，这主要与不同研究人员对未来电动汽车行业发展情景和锂用量的判断有关。部门预测法的优势是能从部门发展的实际对整体进行预测。但现有研究的缺点在于对部门发展的未来研判不充分或过充分，且没有考虑市场对需求的反作用，不能完全反映未来发展实际。

二、矿产资源安全研究现状

矿产资源安全是国家经济和社会安全的基础，受到学术界的广泛关注。矿产资源安全具有社会、经济、治理、环境、技术创新、回收等多个维度的属性，是矿产资源可持续发展的集中体现[99]。在可持续发展框架下的矿产资源安全同时具备时间和空间两个尺度的内涵。时间尺度上，矿产资源不仅要满足当代人的需要，还要满足后代的需求[100]；空间尺度上则要求矿产资源安全不仅只限于一个国家或地区范围，强调从局部到全球才是保障矿产资源安全的有效途径[101]，甚至到争议较大、且成本和技术难度较高的外太空也是提升矿产资源安全的新途径[99]。龙如银和杨家慧[102]认为矿产资源安全作为一个可持续性的概念，其内涵正在不断深化，包括经济安全、生态安全、社会安全和国际安全等方面；王昶和黄健柏[103]将矿产资源供给安全分解为供给风险、经济安全和生态安全三个子系统；严筱等[104]将 PSR 模型引入矿产资源安全的影响要素中，设置压力指标、状态指标和响应指标，构建矿产资源安全评价体系；朱学红等[105]关注有色金属产业的安全性，从产业发展环境、产业竞争力、产业控制力、对外依存度和可持续发展能力 5 个维度构建了中国有色金属产业安全评价指标体系，并对中国有色金属产业 2001~2016 年的安全状况进行了评估。吴巧生等[9]从战略性矿产资源面临的风险出发，从风险评价和风险预警的角度提出了中国战略性矿产资源安全体系优化策略与政策响应。

从矿产资源安全内涵的要素出发，进一步分析矿产资源安全在各个要素上的表现和作用是当前研究的另一大热点。矿产资源供给安全主要受资源禀赋、经济发展、技术进步和地缘政治等多种因素的驱动[106,107]，需要通过系统化的思维，综合考虑这些要素之间的相互影响和交互作用。资源禀赋维度而言，一方面，已有关于资源诅咒问题的研究给出了矿产资源安全的必要性[108]，即必须要避开诅咒陷阱，实现资源优势向市场优势的转换[109]。资源诅咒现象解释了自然资源丰裕度与经济增长的负相关关系，例如，邵帅等[110,111]针对中国煤炭地级市的经济调查显示，上述城市煤炭开发形成的资源依赖，通过削弱对其他行业投入等方式抑制了地区经济的发展。另一方面，矿产资源大多存在全球储量与产量分布不均的特征，需要全球全产业链协同以降低由运输通道、地缘政治[112]等对矿产资源供给安全造成的影响[113]。矿产资源安全的经济维度特征则关注市场需求与价格变化。无论是国内学者提出的人均大宗矿产资源消费与人均 GDP 的 S 形曲线理论[1,3,4,70]还是金属资源消费强度的倒 U 形规律[71,114]都强调经济发展引起的矿产资源消费的变化对矿产资源安全的影响。价格作为矿产资源市场的晴雨表,是汇率变动、利率冲击、投机行为等因素对矿产资源市场影响的集中体现[115]。技术进步对矿产资源安全的影响主要是通过替代技术的应用[116,117]和回收利用程度的提高[118,119]等作用于矿产资源需求和供给。如清洁能源技术的发展使锂、钴、稀土、铂、镝等关键矿产资源需求持续增加[120],未来相关金属可能存在供需缺口[121]。以回收利用技术提高为代表的循环经济可有效缓解矿产资源供应压力[116,117]。以中国为例,金矿品位一般为 3~6 克/吨,经选矿得到的金精矿品位约 70 克/吨,而废旧线路板和手机中分别含金 200 克/吨和 300 克/吨,显然 1 吨电子废弃物中的金含量是矿石中的 40~60 倍[122]。

三、基于产业链的矿产资源安全提升策略研究

产业经济学中的产业链概念是不同生产部门之间由于技术经济关联与时空布局关系形成的企业群体间的关联关系[109]。一般来讲,产业链始于自然资源、止于消费市场。在产业链概念的基础上,为降低市场机制下的交易费用且加强原材料控制,全产业链概念被提出[123],关注构建"从田间到餐桌"的"全产业链"模式,致力于打造从源头到终端的相互衔接、相互贯通的循环链,实现上游为中游提供原料,下游为中游提供市场,最终实现资源利用效率、市场话语权和原材料供应的可靠保障。矿产资源产业链是一个多主体交互的复杂巨系统,现有研究主要从局部和全局两方面展开,其中局部是指单一矿业项目的产业链,包含资源勘探、开发、采矿、选矿、退出和恢复监测等环节[124];全局则是既考虑矿业项目本身,又考虑矿产品生产、加工、使用、废弃和回收等环节的全生命周期过程[125]。

对于矿产资源产业链的研究,现行主要分为自下向上(Bottom - up)和自上向下(Up - bottom)两种方法,且前者居多。自下向上的方法主要

是针对某一行业或产品,从产品末端逐步追溯和识别制造该产品的整个产业过程,通过分析单一环节利益相关主体间关系[126],或分析政策和技术创新造成的影响[127,128]以及产业链协同发展[129],核算产业链单一或多资源流量。如造船工业的铁物质流分析、汽车产品中的钢铁等相关原料的物质流分析等[130,131]。在自上向下方面,学者们主要关注的是基于矿业项目生命周期或基于产品生命周期的产业链整合和构建、生产效率优化、生态环境影响等[132]。少数学者将物质流分析运用到从矿石、初级产品、中间产品以及最终产品的多种产品形态自上而下分析当中,如铁、铝、磷等[133,134]。此外,由于矿产品的加工、冶炼等伴随着大量的资源消耗和环境污染,因此,越来越多的学者开始关注单一矿种产业链的能源、水资源消耗、土地资源影响、碳排放和固体废弃物排放及环境综合影响和治理等问题[135-137]。另有学者采用系统动力学分析框架,研究长期或短期内突发事件对矿产资源产业链造成的风险,如 Mancheri 等和 Sprecher 等[138,139]分析了中国稀土政策对全球稀土产业链的影响及作用机制。

也有学者关注单一国家在矿产资源全球全产业链中的贸易地位和影响。如 Gulley 等[140]研究了中国在全球钴供应链中的国内外影响力,结果显示 2016 年中国在国外钴权益的增加使中国矿产资源政策对全球钴矿产量的影响由 2% 提升到 14%,对钴中间品生产的影响由 11% 上升到 33%。尽管该研究的结论一定程度上揭示了海外资源开发对中国提升在全球钴产业链中的地位有积极作用,但上述研究没有从产业链不同环节商品贸易增加值视角观察中国在下游钴产品贸易中是否具有与上游和中游产品一致的竞争优势。

四、简要评述

在矿产资源供给和需求预测方面,现有模型和预测技术,一方面受到矿产品的属性、研究目的与现有数据的制约,且受制于研究者的认知[141],预测结果往往存在一定的误差。S 形曲线或消费强度倒 U 形曲线已被证实是预测大宗矿产资源长期需求的理想函数[1,4,71],但对于战略性新兴产业发展的关键原材料是否满足上述关系还没有形成一致结论。关键矿产资源或是品位甚低，或是矿石类型更复杂，并且经常性共生伴生，成矿地质条件更加特殊，资源基础、勘查开发利用技术、价格波动等方面均具有更强的模糊性、复杂性与不确定性，传统的矿产资源供给与需求方法并不适用于关键矿产资源。需要在厘清已有矿产资源安全评价理论、国家资源治理理论以及全球价值链治理理论等相关理论的基础上，结合新发展格局背景下落实总体国家安全观的新诉求，基于关键矿产资源下游技术应用与大国内需增长潜力，综合考虑关键矿产资源市场机制，研判未来关键矿产资源供需形势。

面对当今世界百年未有之大变局，矿产资源安全的不确定性、复杂性等问题加剧。以锂资源为例，现有研究结果显示在 21 世纪内全球锂资源能够维持锂需求的发展，因此锂资源全球供给不存在缺口[11, 68]。但由于锂资源全球储量和产能分布不均，地区或国家尺度上，随着减排背景下交通领域电气化进程的不断推进，区域或国家锂资源仍存在或潜在大量需求缺口，威胁地区或国家锂资源安全，这要求实现锂产业链安全治理，提高产业链韧性，优化资源配置。全球资源治理的主要目标包括维持全球市场的均衡和利益的均衡，减轻因当今资源生产和消费模式带来的负面影响，避免或管理国家之间因资源开采造就的紧张局势[142]。历史上的资源冲突往往集中在石油等化石能源矿物上。然而，随着战略性新兴产业的稳步发展，作为战略性新兴产业重要原材料的关键矿产资源需求将稳步增长，成为未来国际竞争的主要资源种类。因此中国矿产资源安全需要从全球治理视角出发，不仅要关注传统矿产资源安全涉及的资源禀赋、经济发展、技术进步、地缘政治等影响因素[106, 107]，还要探索切实可行的选择以改进对话和加强信息沟通，如探索消费国与生产国双赢安排，避免破坏性的出口限制，实现与全球全产业链各主体的优态共存等[9]。

此外，由于产业链上中下游产品全球化配置的不断增强，国际供应安全事件、地缘政治、下游应用技术变化、自然灾害等潜在风险均影响着一国的矿产资源安全[138, 139, 143]，需要通过优化国内产业链体系，有效降低不确定性对一国矿产资源供应可持续性灾难性的影响。更具弹性的系统通常具有以下特征：中断造成的后果有限和快速的恢复时间[144]。在矿产资源产业链背景下，Sprecher 等[139]将弹性定义为提供足够数量的给定材料以满足社会需求的能力，并在供应不足的情况下提供合适的替代方案。实际上，这意味着矿产资源产业链的供给端和需求端都具有一定的弹性，使系统能够吸收供需中断，而不会产生明显的价格波动。Shao 和 Jin[12]对中国新能源汽车供应和需求中断影响下中国锂产业链弹性的评估为本书的研究提供了一个可行的思路：即依赖系统动力学方法判断未来长期内中国锂产业链安全状态。相比于 Shao 和 Jin[12]的研究中关注中国锂产业链受短期供给中断和需求长期变化下的弹性，本书更想了解：①未来国内锂资源供应潜力能否满足新能源汽车产业发展带来的需求变化？②由于已有研究已证实 21 世纪内全球锂资源供应能力良好，当中国国内供应不能满足国内需求时，国内资源对外依存度的提高或由于资源获取成本的增加对国内产业链会产生什么影响？③此外，可以预见未来随着战略性新兴产业的快速发展，矿产资源产业链下游市场复苏强劲，而产业链下游与上游信息传递的时滞很容易使产业链呈现异质性特征，导致产能过剩[145]，未来中国锂产业链是否存在此类问题？

第四节　研究内容与研究方法

一、研究内容

作为战略性新兴产业的关键原料，全球主要经济体在矿产资源领域的博弈将不可避免，且愈加激烈。中国作为全球主要的矿产资源大国、生产大国与消费大国，需要不断加深对矿产资源国际市场的控制权和话语权，提升矿产资源安全水平以支撑和保障国家安全。作为新能源汽车动力电池重要原料的锂资源，尽管 21 世纪内全球锂供给将能满足终端市场发展需求,但由于锂矿床在全球范围内分布不均,未来社会因素、政治因素、经济贸易因素和全球治理对区域或国家锂产业链安全作用较大。中国作为全球主要的新能源汽车生产和消费国,随着交通领域提前达峰和碳中和等政策目标的逐步实施,未来电动汽车国内需求将会进一步扩张,带动作为电动汽车动力电池主要原料的锂资源需求进一步扩大,引发对锂资源供求稳定性和锂产业链安全问题的担忧。

本书基于矿产资源安全评价理论、国家资源治理理论与全球价值链治理理论,提出总体国家安全观下锂产业链安全分析框架与锂产业链安全治理体系框架。收集和整理锂资源全球全产业链产消与贸易格局、试图厘清中国在全球锂资源全产业链中的地位;从总体安全观下的锂产业链安全内涵出发,结合锂资源贸易特征,从全球治理视角构建中国锂产业链安全评价指标体系,评价中国锂产业链安全水平。在此基础上,从系统论出发,基于未来中国锂资源供给和需求形势判断,采用系统动力学方法构建中国锂产业链模型,预测未来中国锂产业链应对供给侧冲击和需求侧冲击时的安全状态并提出相应的政策建议。

如图1-5所示,本书遵循"提出问题—理论搭建—分析问题—解决问题"的一般逻辑,围绕"总体国家安全观下锂产业链安全态势与国家治理"这一科学问题,主要研究内容分为以下6个部分:

(1)总体国家安全观下锂产业链安全分析框架与治理逻辑。此部分是本书开展后续实证研究的理论基础。在梳理已有矿产资源安全评价理论、国家资源治理理论与全球价值链治理理论的基础上,结合新发展格局下总体国家安全观的内涵,明确矿产资源安全的新诉求,提出总体国家安全观下锂产业链安全分析框架与治理体系框架。

(2)锂资源全球全产业链格局演化与中国地位判断。全面梳理全球锂资源全产业链生产和消费现状,基于联合国商品贸易数据库发布的全球锂资源贸易数据,采用社会网络分析方法构建全球全产业链锂产品动态贸易网络,使用网络密度与平均度等指标判断全球锂贸易网络特征,并基于度中心性、加权度中心性和中介中心性指标分析中国在全球不同产业链环节锂产品网络中的贸易多样性程度、贸易能力和贸易影响力。

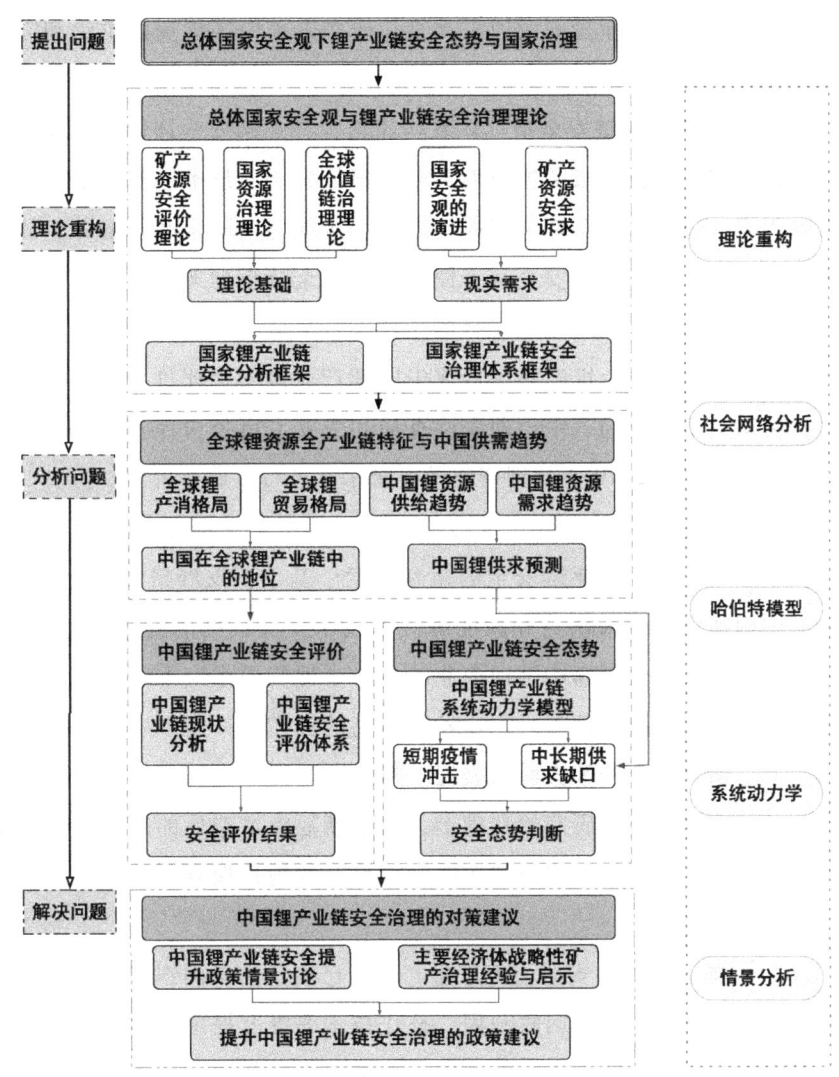

图 1-5 研究框架、内容与方法

（3）中国锂资源未来供给与需求判断。基于中国锂资源产量历史数据，在全面分析当前中国锂矿产储量与资源量基础上，判断未来中国锂资源最终可采储量，使用哈伯特模型计算不同最终可采储量情景下中国锂资源供应达峰时间与历年锂产量。全面梳理当前中国锂资源下游应用领域及份额，充分把握国内循环的主体地位，基于对致力于"弯道超车"的新能源汽车产业政策持续作用的长期判断，分析未来电动汽车不同市场占有率情景下新能源汽车产业发展的锂需求量，研判未来中国锂资源供给和需求形势。

（4）中国锂产业链安全指标体系构建与锂产业链安全评价。新发展格局下锂资源安全不仅要求关注资源禀赋、经济发展、技术进步、地缘政治等影响因素，还要求从全球治理视角出发，实现与全球全产业链各主体的优态共存。基于总体国家安全观下锂产业链安全分析框架，本书尝试从已有文献中梳理出影响锂产业链安全的指标，从全球资源安全、国内资源经济安全与优态共存三个维度整理形成中国锂产业链安全评价指标体系，收集来自美国地质调查局、中国地质调查局和主要上市公司等多种来源的数据，对中国 2010～2019 年的锂产业链安全水平进行事后评价。

（5）未来中国锂产业链安全态势判断。基于第 4 部分的安全评价结果，找出影响中国锂产业链安全的瓶颈因素。基于新发展格局，立足第 3 部分对中国锂资源未来供给和新能源汽车技术发展助推的锂需求的判断，采用系统动力学方法判断中国锂产业链在未来锂资源供应不足与下游以新能源汽车为代表的战略性新兴产业发展推高的锂需求冲击下中国锂产业链在储、产、销、贸、价等方面的表现，判断中国锂产业链韧性。在对中国锂产业链长期安全状态研判的基础上，模拟新冠疫情造成的短期冲击对中国锂产业链的影响，从中国锂产业链韧性提升的视角探索影响中国锂产业链安全的关键因素。

（6）中国锂产业链安全治理策略。基于已构建的中国锂产业链系统动力学模型，从产量提升、回收利用、替代技术等维度提出中国锂产业链安全提升策略，量化上述方案对中国锂产业链安全的作用。基于前文提出的中国锂产业链安全治理体系框架，从立足国内提升产业链韧性和着眼全球提高资源治理能力两个视角出发给出中国提高锂产业链安全的政策建议。

二、研究方法

本书综合运用定性与定量结合的多种方法，包括文献资料收集整理法、社会网络分析、哈伯特模型、部门分析法、系统动力学建模、情景分析等，以下对本书主要使用的方法进行简要概述。

（一）文献研究法

采用 Web of Science、中国知网、Google Scholar 等工具，在全面搜集有关文献资料的基础上，梳理已有文献脉络，从而形成对研究问题系统、全面的叙述。同时从已有文献中收集研究所需的数据资料，包括锂资源储量、产量、消费量、贸易量、价格、海外资源权益等数据。

（二）社会网络分析

本书使用社会网络分析方法测算锂全产业链全球贸易动态演化特征。使用有向网络的平均度和图密度两个指标反映贸易网络的密切程度；采用度中心性、加权度中心性和中介中心性分别计算全球锂贸易各参与国的贸易多样性、贸易能力与贸易影响力，并衡量中国在全球锂全产业链贸易网络中的地位。

（三）哈伯特模型

使用以 Logistic 曲线为概率密度函数的哈伯特模型估算不同最终可采储量水平的中国锂资源产量轨迹，其中曲线下方的面积反映了最终可采资源的数量，并能够有效拟合 1973 年以来中国锂产量历史轨迹。

（四）部门分析法

本书得到的中国锂资源需求量是系统动力学模型中给定电动汽车领域锂需求量与电动汽车领域锂消费份额，以经典需求函数为基础计算出来的。在计算不同电动汽车发展情景中的锂需求量时则采用部门分析法得到。

（五）系统动力学方法

系统动力学模型由 Forrester 教授创建，主要用于反映社会经济系统中的反馈变化。随着模型的发展，系统动力学模型具有解决数据不足和周期性变化等问题的优势，因此被广泛用于工业、能源和环境等许多领域。在资源领域，系统动力学模型用于与矿产资源价格，需求和政策评估有关的研究[79][146,147]。本书使用系统动力学方法构建了中国锂产业链模型，用于模拟未来中国锂供给与需求的变化对中国锂产业链安全的影响，同时也探索了新冠疫情等造成的短期进口成本增加对中国锂产业链的影响。本书采用系统动力学方法的优势是能构建需求和价格双驱动的锂产业链模型,综合考虑锂资源市场机制,研判未来锂资源供需形势,且能够反映产业链韧性动态变化特征。

(六) 情景分析法

本书使用情景分析法考虑了未来中国锂供给和需求可能发生的数种结果,通过分析不同结果的组合对中国锂产业链安全的影响,以寻找影响中国锂产业链安全的关键因素。同时采用情景分析法分析了产量提升、回收利用与替代增加等不同政策情景对未来锂产业链运行的影响。

第二章 总体国家安全观下锂产业链安全治理的理论解构

第一节 相关理论基础

一、矿产资源安全评价理论

以往矿产资源安全评价主要集中在煤炭、石油和天然气等能源矿产资源的供应安全,强调在合理的价格水平上持续稳定地获取资源的能力[148,149]。进行能源安全评价时主要考虑三个方面:一是从增加国内供应的视角出发,通过降低对外依存度,确保能源供应的自主可控,提高国内经济安全;二是比较国内外不同能源资源品种的供应成本,实现资源供应的经济性;三是通过提高资源利用效率或加大替代品开发实现资源的可持续利用[150]。进一步地,吴巧生[150]将国家油气资源安全演化的根本原因总结为资源供给和需求失衡导致的对外依存度变化和油气资源产业相对竞争力及其金融衍生市场对国际价格波动的抵抗能力变化,并提出国家可持续发展油气资源安全系统模型,如图 2-1 所示。其中,供求失衡引发的对外依存度变化集中反映了资源因素、政治因素、经济因素、军事因素与地缘政治实力[151,152]等因素的共同作用。随着可持续发展目标的深入推进,油气资源开发利用的环境负外部性和人类经济社会发展不平衡问题得到广泛关注,使技术进步[153,154]、能源效率改进[155]、能源结构[156]、环境风险[157]和可持续发展等因素相继囊括进供应安全评价中。进行产业安全评价时，吴巧生[150]设想以本国油气公司在国际油气资源市场的相对竞争力反映国内产业面临的风险。金融化安全则与油气资源金融衍生工具的产生和发展密切相关，着眼于抵御国际金融市场投机性冲击。根据已有研究，油气期货交易的发展使全球油气价格与油气商品的供求关系出现一定程度的解耦[158,159]，区域期货交易市场为区域现货市场交易提供基准价格[160]，因此国际油气定价权呈现出政治、金融等多重属性①。同时，大宗商品的金融化吸引了对冲基金等的期货投机者进入[161]，成为投资组合多样化和风险管理的金融资产[162]，造成大宗商品价格的飙升，引发大宗商品金融化是否造成大宗商品泡沫的激烈争论[163]。

当前以能源矿产为主的矿产资源安全内涵可以总结为以主权国家为矿产资源安全的主体，实现国家层面的持续发展，体现国家资源利益与国家安全需求。由于矿产资源安全呈现半结构性特征[150]，需要根据主权国家发展阶段与资源战略，采用定性和定量结合的分析方法针对性地选取评价指标，量化矿产资源安全程度。

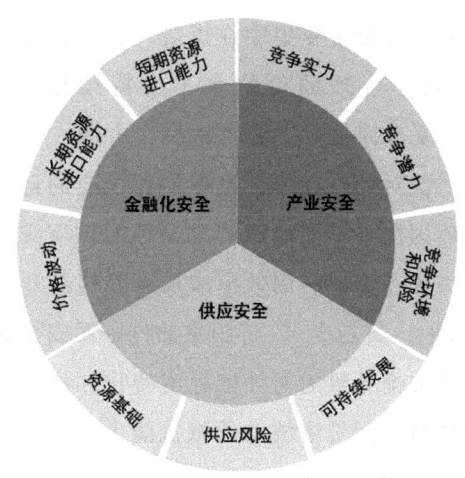

图 2-1 可持续发展油气资源安全概念模型

资料来源：根据吴巧生等[150]的研究绘制

---

① 中国石油新闻中心. 透过国际原油价格指数体系看中国油气定价权［EB/OL］.（2020-4-14）［2021-8-31］. http：//news.cnpc.com.cn/system/2020/04/14/001771058.shtml

二、国家资源治理理论

资源安全作为国家安全的重要组成部分,是国家治理的重要关切[164]。国家资源治理是治理主体间关于资源利益分配的权力关系安排[165]。本节从国家资源治理体系实施主体、涉及对象和预期目标三个维度的演变整理国家资源治理理论的发展。

早期国家资源治理理论强调资源消费国与资源生产国由于资源地理分布不均产生的南北资源争端及由此造成的主导消费国与资源生产国的二元博弈。矿产资源以不同的规模和矿石品位分布在地壳中,地质资源分布的这种不平等性导致矿产资源稳定供应的潜在限制和瓶颈,即地缘政治供应风险。寻找、勘探和开发矿产资源是资本密集型的并且需要高专业化技能的活动[166]。早期发展中国家由于不具备或不完全具备资源生产自主性,被动作为边缘国家纳入由美欧等西方工业化国家主导的全球资源治理体系中。第二次世界大战以来,联合国通过了国家资源主权决议,确保了国家对境内自然资源开发利用的合法性。此后发展中国家资源生产联盟和出口国协会等政府与非政府间专业化组织相继成立,以期通过系统化的运作显著提升在国际市场中的议价能力。例如,国际资源价格于2004年开始攀升,随着2008年全球金融危机的爆发,于2008年和2009年增长至顶峰[167]。同期发达国家经济陷入停滞,新兴经济体国内需求拉动了全球资源需求的增长,并开展了与G20和IEA等发达国家主导的既有国际组织良性对话[168]。这一时期,以石油、煤炭和铁矿石为代表的大宗矿产资源是影响国家安全的核心。资源生产者通过设置市场进入壁垒和限制出口等措施,利用资源禀赋优势增加经济回报。两次石油危机的发生促使大宗矿产资源主导消费国以维护通道安全为出发点,通过完善贸易规范与建立市场化价格机制降低生产国以资源禁运等手段产生的资源风险。这一时期,国家参与全球资源治理的实际是保证充足且稳定的资源供应,特别是以资源来料加工为主的中国,稳定且充足的资源供应有助于国内资源价格和国内生产成本的稳定,也是确保出口优势的关键。两个反例是2010年以来印度的铁矿石出口限制和 2014 年印度尼西亚的原镍出口禁令对中国相关资源安全的影响。印度自 2010 起实施的铁矿石出口禁令和关税导致对中国的铁矿石出口下降了 72%，且使全球铁矿石价格上涨。印度尼西亚是全球最大的镍矿生产国，2013 年约 90% 的镍矿石出口到中国。2014 年 1 月，印度尼西亚以增加国内选矿为由禁止原镍出口。受此影响到 2014 年中期，中国镍进口价格涨幅超过 35%。尽管当年中国从菲律宾进口了镍矿石以填补国内供应缺口，但使国内加工成本增加了 30%，镍和生铁产量降幅明显。

全球化的发展与全球价值链的深入融合深刻影响资源治理要素，国家资源安全治理不仅受资源分布的制约，还与技术进步、环境影响、需求变化和制度合法性等密切相关，因此呈现出从资源生产国与消费国的二元博弈逐渐向去国家中心化的治理发展，表现为参与主体多元化发展，治理对象广泛化和治理目标多层化趋势[165]。国务院发展研究中心在与英国查塔姆研究所联合发布的报告《中国与全球资源治理》[168]中将全球资源治理定义为一系列正式或非正式的、直接或间接地影响资源生产、贸易和消费的国际叙事、规范、规则和组织。报告中强调全球资源治理的多主体性质：首先，以主权国家为中心，以及由此形成的国家间双边和多边关系或区域性和国际性的国际组织；其次，强调包括全球商品贸易所、相关仲裁机构、供应链国际倡议等在内的非国家行为体的作用；此外，全球资源治理体系还涉及与之相关的广泛的利益相关者，如次国家行为体（如城市）、企业和个人等。与全球能源消费结构的变迁同步，国家资源治理的对象经历了从煤炭到石油、天然气，再到现在的可再生能源和锂、稀土等支撑战略性新兴产业发展的矿产资源的转变[165]。能源系统作为经济增长的内生因素，随着生产力提高，全球能源消费结构已经完成从柴薪等生物质能源到煤炭再过渡到石油和天然气的自发性转变，未来以非化石能源为主的新能源体系将是能源系统演进的重要方向[169]。为应对全球气候变化与可持续发展问题的挑战，风力涡轮发电机、太阳能电池板、电动汽车和电池存储等清洁能源技术的发展迫切需要稳定的金属资源供应，包括锂、镍、钴、锰、石墨、钼、铂族金属、锌、稀土元素等。IEA 的报告《The Role of Critical Minerals in Clean Energy Transitions》测算了既定政策情景和可持续发展情景下清洁能源技术的部署对关键矿物的需求,结果显示到 2040 年两种情景中全球清洁能源转型需要的关键矿产分别是当前的 2 倍和 4 倍[170]。这引发了全球主要经济体对保障关键矿产资源稳定供应的担忧,相继发布关键矿产（原材料）清单,致力于提升本国在关键矿产资源全球治理中的影响力[9, 171]。

图 2-2 总结了国家资源治理理论的演变,即治理核心从政治博弈向政治博弈与经济诉求协同,治理主体从主权国家演变为多主体共同参与,治理对象从能源矿产扩展到与新技术、新材料等与战略性新兴产业发展相关的矿产资源,治理目标从维护产地和通道安全上升为应对气候变化与可持续发展。

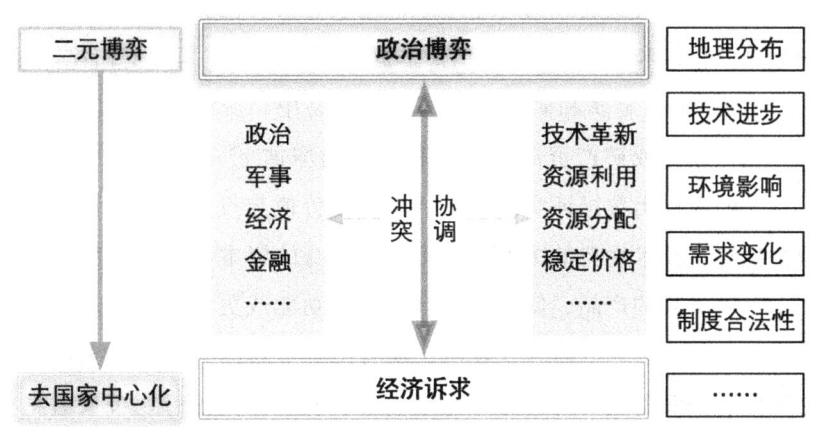

图 2-2　国家资源安全治理理论演变框架

资料来源：根据于宏源[165]的研究绘制

三、国际贸易理论

古典国际贸易理论可以追溯到亚当·斯密的《国富论》[172]。他认为国际贸易克服了国内狭窄的市场,能为超出国内需求的过剩产品提供出口机遇。通过扩大市场范围,国际贸易改善了国际分工,实现了生产专业化且提高了国内生产力的总体水平。亚当·斯密的生产力学说将自由贸易论点发展为出口驱动论点,认为国际贸易对提高生产力和刺激经济发展的作用明显,因此国家应取消贸易壁垒等消极政策,并应采取鼓励国际贸易和经济发展的政策。在亚当·斯密生产力学说的基础上,大卫·李嘉图提出了比较优势理论。该理论的基本观点是国际贸易的基础不是各国劳动生产率或生产成本的绝对差异,而是国家间技术或要素水平的相对差异造成的比较成本差异。在比较成本理论中,生产专业化被认为是资源的重新分配,是一个完全可逆的过程。基于比较优势的不同来源,特定要素模型(又称R-V模型)表明了各国生产的技术差异,而赫克歇尔-俄林模型(又称H-O模型)则将比较优势的差异归因到外生要素供给的差异,即不可移动且缺乏弹性的自然资源禀赋形成了引起要素在地区和国家之间流动的比较优势。例如,H-O模型解释了具有劳动力资源优势的菲律宾倾向于出口劳动力密集型的服装和玩具等产品,而享有资本优势的日本主要出口资本密集型的机械和化学品[173],产生垂直型国际分工。基于罗伯津斯定理,H-O模型断定在金属和矿产资源的国际贸易中,资源禀赋的增加将导致密集使用该金属或矿产资源的生产和出口的增加[174]。Schott[173]通过美国产品层面的进口出数据证实了出口产品单位价值与投入强度的关系,即具有资本优势和技术优势的国家通过使用其自身的资本和技术优势生产资本或技术强度更高的产品,使产品拥有额外的功能或更好的质量,从而获得相对较高的价格。他的研究也表明,现有国际贸易的专业化分工需要从产品层面剖析产业链上下游产品的比较优势,而不是关注行业级数据。在战略性矿产领域即关注上游矿石产品贸易与终端产品贸易的比较优势。

使用总进口/总出口的贸易总额统计数据是评估一个国家或产业国际贸易绩效的传统方法。然而,在过去的几十年里,由于全球垂直型分工的推进,产业链的不同环节已经实现了在全球各个经济体之间以比较优势进行再分配。全球供应链的垂直型专业化分工的稳步推进和跨境共同生产的日益增长引起了人们对使用贸易总额统计数据的适宜性的担忧[175],这种统计方式使大量的中间贸易被重复计算,使贸易国国内贸易增值部分被高估[176]。根据阿尔奇安—艾伦猜想[177],战略性矿产资源从地下被首次开发出来的每吨价格相对较低,因此矿石会在矿区附近经过至少一次加工以增加单位质量。这些加工过的矿石在国际标准贸易分类(SITC)中称为"矿石和精矿"并进行交易。在上游原材料市场资源枯竭的情况下,能够将其材料优势转化为更高附加值的国家将更好地抵御资源制约[178]。在国际市场格局中,中国是上游环节主要供给者,下游优势环节则聚集在日本、美国、欧盟等主要工业化大国和地区。面对战略性矿产资源开发利用大国竞争及博弈的挑战,中国如何协调资源主权与开放式利用,积极参与全球治理制度的创新,成为完善矿产资源全球治理体系与国家治理体系的新命题。Zhu等[179]的研究显示相比于美国和欧盟,中国在金属和非金属全球贸易中已经具备主导者优势,然而这种优势主要依赖于国内市场的供应不足导致的大量进口贸易。在对外贸易日益增长的同时,对金属和非金属进口的高度依赖反过来也会对中国金属和非金属的供给安全造成重大挑战。在全球贸易格局日益呈现大国竞争的背景下[179],以全球价值链高端定位为导向,扭转上游资源优势强而下游高端应用弱的失衡产业格局,加速比较优势转变成竞争优势的进程,推动其由资源优势上升为产业优势和经济优势,逐步掌握国际贸易中的话语权[180],为实现区域合作和维护和平与稳定的秩序是新时期战略性矿产资源安全的基本出发点。

四、全球价值链治理理论

国际贸易和产业组织在过去几十年的显著特征是实现了贸易和生产的全球化[181],使广大发展中国家工业产能迅速提升,同时也实现了跨国公司的垂直解体[182]。目前,全球80%左右的贸易嵌入跨国公司主导的全球价值链中[183]。贸易一体化使大型公司发现越来越多的非核心制造和服务活动的外包是有益的,造成了跨国公司的解体,进一步导致国际贸易中零部件和其他中间产品的贸易比例越来越大[184],贸易模式在南北国家间分布更均匀[185],处于不同发展水平的国家之间的联系程度更高[186]。

贸易和生产的全球化为致力于公平交易市场和大型垂直整合公司之间的各种网络治理形式奠定了基础。国际商务的相关研究将贸易和生产的全球化归因于增值链(Value - added chain)以解释国家或企业的发展战略[187]。增值链是使用相关技术将原材料和劳动力等要素投入经组装、销售和分配的过程[188]。增值链问题的关键是公司采用折中方式决定将哪些生产环节和技术保留在公司内部，哪些外包给其他公司，以及各项活动的区位选择[189,190]。国际贸易的现有研究关注全球生产的组织方式。Arndt 和 Kiezkwshi[184]将全球生产过程的物理分离定义为"碎片化"（Fragmentation）：公司内部或者公司间的生产形成了横跨不同国家的跨国生产网络。

Gereffi 等[182]从产业组织的视角，将企业间的全球价值链治理模式按照交易的复杂性（Complexity of transactions），信息的可编码性（Codifiability of information）和供应商的能力（Capacity of suppliers）三个因素区分为 5 种模式，即市场型、模块型、关系型、专属型和垂直型，如图 2-3 所示。

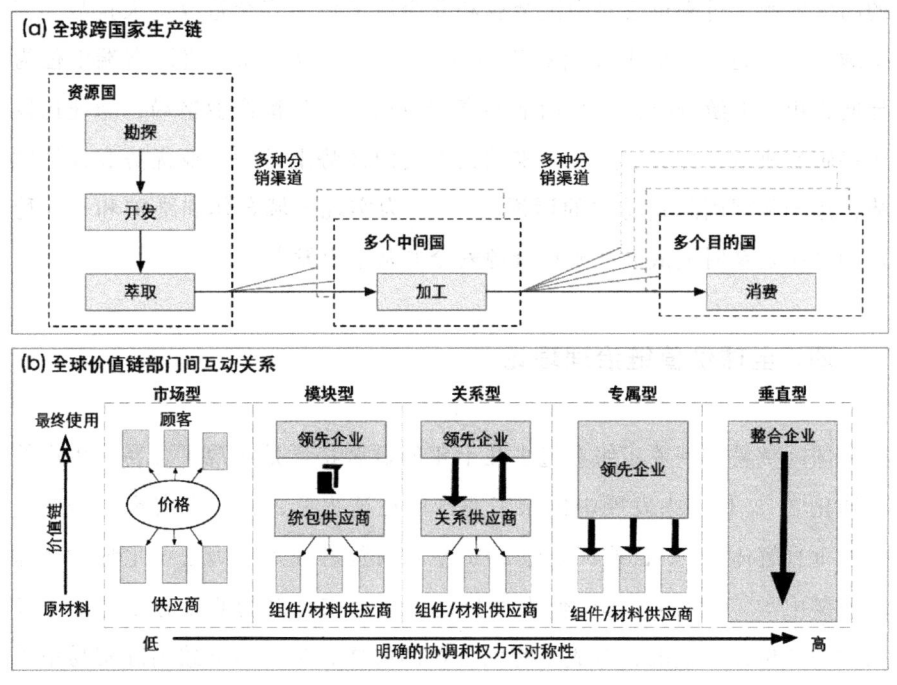

图 2-3　全球资源跨国家生产链和部门间互动关系
资料来源：根据已有研究成果[170,182]绘制

全球价值链国家层面的研究强调全球价值链是发展中国家发挥后发优势实现经济腾飞的重要渠道[183,191]，依靠交易成本经济学来解释全球价值链治理[182]。后发优势探讨了相对落后的国家如何通过与发达国家在收入、

技术和产业结构上的差距实现经济赶超的经验。林毅夫[192]将经济增长潜力总结为生产要素、产业结构以及技术创新,且强调技术创新对经济增长的作用最重要。后起国家进入由主导企业控制的全球价值链,通过承接产业转移,在干中学中完成 OEM – ODM – OBM(机械代工—设计加工—自有品牌生产)三阶发展,实现国内技术变迁,完成在全球价值链中的功能升级,力图实现与发达国家的经济发展趋同。

来自发达国家的跨国公司在国家政策支持下已经成长为全球价值链上的主导企业。在市场力量主导下,主导企业利用规则、条款等方式将中国等新兴经济体锁定在价值链低端位置[183],后起国家相关企业很难进入发达国家控制的全球价值链高端环节。对比拉美国家陷入的"中等收入陷阱"与东亚国家"多层赶超"局面,苏联和日本经历的"大国赶超陷阱"[193]与中国正在发生的大国崛起,相关学者[191, 194-196]开始探讨国家产业政策对全球价值链治理的影响,并强调国家逻辑有助于限制市场交易的外部性,实现生产要素的优化配置,提升在全球价值链中的治理能力。

以中国为例,中国政府于 1978 年实施改革开放政策,在 40 余年开放实践中,产业政策经历了以选择性产业政策为主的政策引入期、初步尝试期、发展期、演进期和新发展期等阶段[197],通过实施一系列旨在围绕创新驱动发展,加快新兴技术发展,建设竞争有序的市场体系的政策,推动中国经济与全球价值链的深度融合[198]。以汽车产业发展轨迹为例,Lee 等[195]从全球价值链升级的视角比较了中国、马来西亚和泰国的汽车产业政策对本国汽车行业发展的作用,结果显示中国以建立竞争有序的国内市场为导向的产业政策提高了国内车企的技术能力,实现了关键零部件的生产本地化,因此中国汽车产业发展最为成功;泰国的产业政策缺乏对本土品牌的支持,在促进国内增值能力建设中没有连贯性,因此仅在汽车全球价值链再出口中间进口品环节占有一定优势;马来西亚尚未形成竞争性市场,汽车产业在全球价值链升级中的表现最差。受新冠疫情影响,经济全球化受到深刻影响,意识形态领域冲突加剧,全球供应的不确定性风险增大[199]。当前环境下国内学者更加强调将先行选择性的产业政策体系调整为竞争性政策,加快产业结构调整提升竞争力[197, 200]。

五、地缘经济学理论

地缘经济学概念源于地缘政治学,相比后者强调国家间以地理为基础形成的或对手或伙伴的简单政治关系,地缘经济学强调由于国际贸易使国家间存在更为深刻的利益关联。这一理论最经典的论述来自爱德华·卢特沃克,他认为国家之间在地缘政治中的角逐正让位于地缘经济[201]。地缘经济学从生产力出发,基于全球发展的不平衡性,承认各国政治、文化、宗教等的差异,强调国家生存和发展、利益与安全的动态统一。冷战结束后全球一体化进程加速推进,国际事务的话语权由以军事优势为核心的"硬"实力转向经济优势和生态优势为核心的"软"实力[202]。杰西卡·马修斯于1989年指出全球化时代美国国家安全需要系统性地应对经济、资源、环境和人口等众多要素的挑战[203],赢得全球经济霸权或领导优势地位以巩固其国家利益。基于此,20世纪90年代以来以美国为代表的西方发达国家以信息产业等为核心,利用业已形成的国际贸易体系和规则,或通过在环境保护、新兴技术、行业标准等方面设置贸易壁垒,或直接采用经济制裁、技术壁垒等对发展中国家进行围追堵截,试图遏制广大后发国家的发展步伐,这要求以中国为代表的发展中国家积极寻求国家地缘经济发展新战略,保证国家安全。此外,源于全球资源与人口分布的不均衡,资源生产和消费的不均衡现象加剧,地缘经济学说还强调国家间对战略性矿产资源为代表的一系列战略资源的争夺已经从对地缘通道和市场的控制深化为从资源全产业链出发,实现对资源本身的控制,掌握发展的主动权。这要求一国以技术为核心,占位产业链下游高附加值环节。

中国作为全球潜力型地缘经济板块中的代表[204],改革开放以来中国经济发展取得了巨大成就,同时也势必撼动以美国为代表的实力型地缘经济板块[204]中已在全球产业链上取得巨大既有优势的国家,新兴经济体与发达经济体在战略性资源的博弈不可避免。在战略性矿产安全研究领域则体现为研究重点从在冷战前突出东西方的军事竞争转向冷战后强调南北国家间在战略性矿产资源所有权与控制权的冲突[205],资源使用产生的环问题[206]，以及对冲突引发的原材料供应构成潜在威胁的担忧[207]。因此冷战后的世界新秩序也被称作资源地缘经济时代[208]。发达经济体十分关注战略性矿产相关的问题，且已在金属和原材料关键性评估及其影响因素方面形成了丰富的研究成果[30, 32, 33, 35, 38, 39, 209, 210]。相对而言现有成果对战略性矿产资源安全的内涵与评价关注不足。从地缘经济视角出发，战略性矿产资源作为战略性新兴产业发展的关键原材料，战略性矿产资源安全就是国家安全，这要求一方面明确战略性矿产对国家科技发展与经济转型升级的重要作用，实现资源的高效利用提高国内供应链韧性，体现战略性矿产资源安全对国家安全的支撑地位；另一方面要从区域与全球层面出发，提高战略性矿产资源抵御外部干扰和威胁的能力的同时，提高国内资源安全对全球全产业链安全的影响，实现与全球全产业链各主体的协同发展，以适应不断变化的国际国内环境。从地缘经济学的内容出发，战略性矿产资源安全强调提高战略性矿产资源的市场份额，提高在新兴市场和高技术产品中的占有率，提高本国产品在全产业链中的竞争优势。

第二节 总体国家安全观与矿产资源安全诉求

一、"国家安全观"的演进

中国国家安全观以不同时期国家战略为导向，以国际国内宏观环境深刻变化为背景，响应社会生产力水平变革与发展诉求不断优化与演变，最终形成了统筹安全与发展的总体国家安全观，如表2-1所示。

新中国诞生于以苏联为首的社会主义阵营与以美国为首的资本主义阵营的政治对抗期。新中国成立初期，国际上长期面临西方国家的经济封锁与外交孤立，区域层面边境对峙与冲突不断，国内反动势力企图颠覆新生政权[211, 212]。这一时期中国以立国战略为导向，以期确保新生政权的稳

表 2-1　　中国国家战略、发展环境与国家安全观阶段变迁

国家战略导向	国内外环境	国家安全观
立国战略 (1949~1977年)	国际封锁； 国内巩固新政权，需求计划管控	传统型国家安全 (强调政治安全)
富国战略 (1978~2013年)	要素市场化改革，外向型经济拉动， 国内需求积聚潜力	过渡型非传统国家安全 (强调经济安全)
强国战略 (2014年至今)	国际市场不确定性增大； 超大规模国内市场潜力	总体国家安全 (统筹安全和发展)

资料来源：笔者根据李兰冰[213]等、刘跃进[212]和王妍妍等[211]的研究整理而成。

定，国家安全即国防安全，等同于军事能力建设。

20世纪70年代末，邓小平同志深刻洞察国际政治多极化趋势，提出"和平与发展"是世界两大新问题的论断，并将国家战略调整为"以经济建设为中心"的富国战略[213]。为实现经济增长目标，新中国成立初期的计划经济体制经过改革逐渐建成社会主义市场经济体制，生产要素得以实现自由流动。依托生产要素低成本的后发优势建立的出口导向的工业化战略使中国成功融入全球分工体系，且成为经济增长的重要动力[213]。这一时期外交关系强调"互信、互利、平等、协作"的新安全观以为经济增长创造良好的外部环境，对内则强调"改善民生、维护社会安定团结"[212]，并形成了涵盖经济、社会、政治、文化与生态文明的过渡型非传统国家安全观[211]。

2014年，习近平总书记在中央国家安全委员会第一次会议上指出"当前中国国家安全内涵和外延比历史上任何时候都要丰富，时空领域比历史上任何时候都要宽广，内外因素比历史上任何时候都要复杂，必须坚持总体国家安全观"①。2021年起，中国在实现第一个百年目标成功建成小康社会后，已迈入实现社会主义现代化国家的新发展阶段[214]，强调贯彻创新、协调、绿色、开放、共享的新发展理念，构建以国内大循环为主体、

---

① 新华网．习近平：坚持总体国家安全观 走中国特色国家安全道路 [EB/OL]．(2014-4-15) [2021-09-08]．http：//cpc.people.com.cn/n/2014/0415/c64094-24899781.html．

国内国际双循环相互促进的新发展格局。新发展格局的建设要求在总体国家安全观下，将经济安全作为国家安全的基础[215]，并贯穿到政治、军事、国土、人民、文化、社会、科技、资源和国际安全等事关国家发展各领域全过程的传统和非传统安全问题。总体国家安全观要求立足发展环境的不稳定和不确定性[216,217]，发挥大国内需主导国内可循环的优势[215,216,218-220]，统筹发展和安全[215,217]，强化国家安全顶层设计，实现高质量发展[217]。

二、总体国家安全观下矿产资源安全诉求

当前国际国内形势的不确定性和不稳定根源于全球生产力和生产关系的调整，并受新冠疫情公共卫生事件的影响，给中国经济安全与国家安全造成巨大挑战。

国际上，新一轮科技革命与产业变革加速全球分工的区域化发展。以技术革新为特征的新一轮科技革命提高了资源配置效率，改善了生产力边际效率，使要素成本与交易成本在全球产业链布局的重要性下降，资本、市场和技术在产业链布局中相对位势随之上升[216]。生产力的深刻调整同时使全球一体化的生产关系呈现区域化、本土化发展态势[216,221]，表现为全球出口的国内增加值率与全球价值链贸易增长从上一轮全球金融危机后停滞[221]。此外，新冠疫情的冲击和反复减缓了全球经济复苏进程，一方面，民族主义、贸易保护主义的抬头使全球震荡进一步加剧，以美国为代表的发达经济体正企图通过在全球治理体系中的既得地位推进"去中国化"，引发全球产业链价值链收缩，加速产业空间集聚化趋势[216,221]；另一方面，主要经济体为缓解疫情冲击采取的量化宽松的货币政策使全球经济面临巨大的债务风险[221]。

国内视角，劳动力、土地等低成本生产要素的后发优势消失[216,219,221]，生态文明建设成为中国一项基本国策①，传统由要素驱动的

---

① 汪晓东，刘毅，林小溪. 让绿水青山造福人民泽被子孙——习近平总书记关于生态文明建设重要论述综述[N]. 人民日报，2021-06-03（1）。

出口导向工业化模式面临重大挑战[218]。根据中国社会科学院经济研究所对中国全要素生产率的长期跟踪（表2-2），中国全要素生产率增速呈下降趋势，十三五时期全要素生产率对经济增长的贡献已经达到九五时期以来的历史最高水平[221]。但为达到2035年基本实现社会主义现代化目标，未来15年中国全要素生产率对经济增长的年均贡献需要增长到55%～59%[216]。这在中国人口红利逐渐消失、土地成本增加、环境约束强化背景下，以往依靠要素驱动的出口导向工业化模式难以实现提高全要素增长率既定目标。以内需为主导，实现创新驱动，提高资源配置效率将成为中国高质量发展的源泉[220, 221]。

表2-2 中国全要素生产率增速和对经济增长的贡献变化

时期	八五	九五	十五	十一五	十二五	十三五
年均增速（%）	6.77	3.22	3.63	4.27	2.26	2.86
对GDP的贡献（%）	57.69	38.89	38.79	39.84	29.57	44.31

资料来源：中国社会科学院经济研究所《中国经济报告（2020）》总报告组[221]。

中国的发展经验表明稳定的内需可以有效应对国内外环境不确定性[217]。以双碳目标为导向，未来中国必将加大绿色转型。由传统化石能源向可再生能源转型要求将作为支撑可再生能源技术发展的矿产资源作为单独的要素投入，在总体国家安全观下矿产资源安全呈现出新的诉求：

（1）中国矿产资源需求仍将持续增长，供求关系矛盾尖锐。伴随经济的高速增长，中国已经成为全球最大的资源消费国[222]。依托战略性新兴产业的发展，过去许多用量小、经济价值低的小矿种随着技术的突破成为需求激增且价格弹性小的大矿种[10]。从市场—成本角度看，中国产业发展造成的资源需求赤字，使原材料成本占绝大比重取代加工成本主流，矿产资源供需失衡成为影响成本的关键，迫切需要提前规划布局。

（2）全球矿产资源市场依托全球生产分工网络与价值链的深入发展成为一个涵盖区域、国家、国际组织、跨国企业等不同层次参与主体的复杂巨系统，主权国家矿产资源安全已主动或被动嵌入全球市场，实现国家矿产资源资源安全需要以人类命运共同体为目标，朝着共同安全的目标迈进。

(3) 通过降低资源外部依存度、实现进口多元化、增加资源储备以及掌握资源定价权等强调提高供给安全的措施已不再适应宏观环境不确定背景下矿产资源安全需要。总体国家安全观下,未来中国矿产资源安全强调发挥超大规模国内市场优势,通过管控供应链产业链价值链创新链多链耦合引致的风险,创造有利于新技术大规模应用的国内环境,提高矿产资源产业链韧性,实现资源优化配置。

第三节 总体国家安全观下锂产业链安全治理新机制

一、锂资源属性与总体国家安全观下锂产业链安全分析框架

(一) 锂资源属性

以锂资源为代表的支撑战略性新兴产业发展的矿产资源,资源全球分布与生产的高集中属性使其与传统能源及大宗矿产资源类似,仍具有高地缘政治属性,但资源分布的共伴生性、高技术不确定性以及全球价值链黏性等维度与传统能源矿产资源供应产生较大区别。

1. 资源集中分布与共伴生性。全球锂资源集中分布在玻利维亚,阿根廷、智利和澳大利亚,其中玻利维亚是全球锂资源量最大的国家,境内的乌尤尼盐湖和科伊巴萨盐湖是巨型锂矿床,但受政局动荡、基础设施建设滞后与缺乏良好的外商投资环境等因素的影响,现有资源并未得到有效开发。作为全球锂资源量第二大国的阿根廷多年来受政治争端和超级通胀限制了锂产能,2019 年锂产量仅占全球的 7%。伴随着全球可再生能源发电技术和电池储能技术的发展,锂资源将成为全球可再生能源相关基础设施建设的关键材料,各国通过技术研发和产业布局加紧对锂资源的争夺[①],

---

① 规划战略与信息中心. 美国将更加关注在全球锂资源市场竞争 [EB/OL]. (2020-03-04) [2021-08-31]. http://www.qibebt.cas.cn/xwzx/kydt/202003/t20200304_5507874.html.

未来锂资源待开发的玻利维亚和阿根廷将成为地缘博弈的热点地区。尽管锂资源在地壳中含量丰富，但由于其提纯难度高，"三稀"属性明显。例如，中国贵州大竹园铝土矿中伴生的沉积岩型锂矿床[223]，青海察哈尔盐湖液体钾矿中伴生的锂元素，目前由于资源调查研究和综合利用技术有待突破，产量较低。

2. 高技术性。在需求侧，全球向低碳清洁能源生产技术的过渡是锂资源消费增长的重要驱动力。例如，储能电池技术在 200 年经历了铅酸蓄电池、镍镉电池、镍氢电池和锂离子电池的发展轨迹，由于锂离子电池具有能量密度高和配方灵活适用场景多等特点，已经在电动汽车和可再生能源发电的储能设备等新能源技术中有广泛应用；进一步地，全球能源与环境压力催生的新能源技术发展同时也使锂资源消费量进一步增长。美国地质调查局数据显示，2015 年以前陶瓷和玻璃是全球锂资源下游应用的最大领域，常年占全球锂消费份额的 30% 左右。从 2015 年开始，电池成为锂资源用量最大的终端场景，占全球锂消费份额从 2010 年的 20% 上升至 2015 年的 35% 且进一步攀升至 2019 年的 65%，带动全球锂消费量从 2010 年的 2.5×10^4 吨增长至 2015 年的 4.9×10^4 吨并进一步增长到 2019 年的 5.6×10^4 吨。在供给侧，矿石开采始终是资本密集型的、需要高度专业化技能的产业。全球上游 80% 的卤水锂资源掌握在智利的 SQM、美国的雅宝和 FMC 三家跨国公司中，造成了权力和信息的严重不对称，这加剧了潜在的地缘政治博弈风险。

3. 高投机风险。目前已有贸易公司（Trading houses）和专门的金属交易所作为贸易商，专门从事矿产资源贸易，如伦敦和上海的金属交易所等。金属交易所主要针对铝、铜、铅、镍、锡、锌和钢等大宗矿产的贸易。他们将大宗矿产品设计为期货、期权作为金融工具来交易，以规避风险和发现价格。贸易公司（Trading houses）则交易不受专业交易所管理的金属，尤其是小金属交易。由于这些稀有金属没有公认的价格，市场缺乏透明度，因此贸易公司的投机活动会对其交易的金属定价产生重大影响，并从中获得高收益。

4. 全球价值链黏性。以 2014 年全球锂资源典型流动为例，智利和澳大利亚是全球锂矿石主要出口国,来自智利的卤水锂和澳大利亚的锂矿石主要流向中国,中国和韩国将相关锂中间产品加工制成最终锂产品并再出口到其他国家,其中中国是手机和便携式电脑最大出口国,目的地为美国;韩国则主要将制成的锂电池出口到中国、美国和欧盟[90]。依托全球价值链,每个国家都出于各种目的需要不同类型的含锂产品。因此,不受限制的含锂产品供应成为国家安全问题的重要关切。

(二) 总体国家安全观下锂产业链安全分析框架

作为全球最大的锂资源生产、消费和进口国,未来相当长的一段时期内,在致力于"弯道超车"的新能源汽车产业政策持续推进下,中国锂资源需求仍将保持较高水平增长,然而国内综合利用率不高且高度依赖国外供应的现状短期内难以发生根本性变化[224]。在现行由发达国家建立和主导的国际矿产资源贸易规则下,中国作为既有规则的参与者和遵守者,在与主要发达经济体的锂资源竞争中不具备主导权和话语权,难以维护国家利益[225]。

笔者认为对国家单主体而言,锂资源安全面临的风险来源于资源生产、消费、流通、环保及国际贸易等各环节。在新发展格局下锂产业链安全就是一方面关注国内需求,致力于通过市场机制提高产业链韧性以应对国内供应不足对需求的冲击;另一方面,体现负责任大国维护人类命运共同体发展的决心与使命,联合全球全产业链多层次主体,管控供应链产业链价值链创新链多链耦合引致的风险。

基于上述定义,本书给出了中国锂产业链安全分析框架,如图2-4所示,它不仅反映了锂资源对国民经济发展的基础支撑作用[226,227],而且考虑了全球供应稳定性[228,229],并强调国内安全与全球资源治理的协同作用[230,231]。

锂资源全球供应稳定性着眼于锂资源在区域一体化进程中的机遇与逆全球化思潮等危机的共同作用下的供给现状。一方面经济全球化进程持续加快,资源配置效率不断提高,体现了世界经济高度融合和相互依赖的内在特征[233],"一带一路"倡议等区域合作理念的提出表现了世界一体化发展趋势[234],有助于构建更加公平和包容的全球化发展机制,有利于锂资

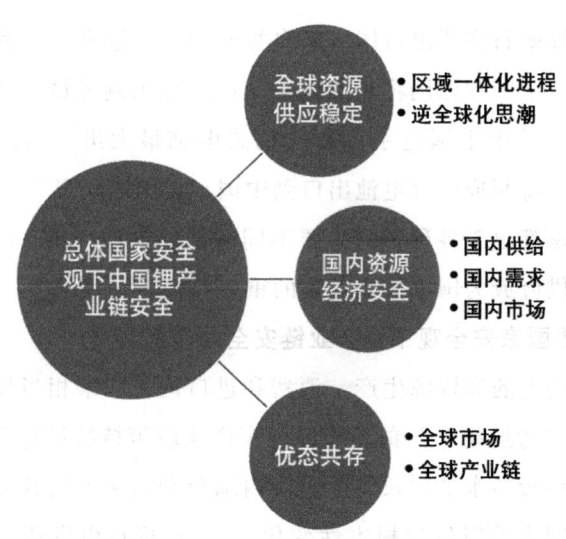

图 2-4　总体国家安全观下中国锂产业链安全分析框架
数据来源：根据周娜等[232]研究绘制

源的稳定供应。另一方面，随着新一轮科技革命、全球产业转移进程的持续进行以及气候变化问题的凸显，全球矿业市场供求格局不断调整[235]，"黑天鹅"事件不断涌现[236]，"逆全球化"思潮使全球供给中断发生的不确定性增加[237,238]。因此锂资源全球供应稳定性需要从全球资源分布[239,240]、生产国的政治，经济和社会状况[35]以及地缘政治[112,229,241]等维度结合的角度全面判断当前全球供应格局。

新发展格局背景下，国内锂供求格局在经济增长方式转型与新一轮科技革命的冲击下呈现出新特征，如何实现锂资源开发与社会经济的平稳健康运行，是中国必须面对的重大现实问题[242]。锂资源的国内经济安全性与欧盟评估关键原材料时使用的经济重要性（EI）参数相似。对于给定的候选材料，EI 与材料终端应用、相关制造部门的增值以及替代有关，但没有考虑价格波动对 EI 的影响。由于价格受供求关系作用，且价格波动是市场变化的集中体现，笔者认为在评价中国锂资源国内经济安全性时，不仅需要借鉴 EI 的测度方法考虑国内生产的稳定性和需求的弹性，还需要纳入国内市场的脆弱性对国内经济安全的影响。

客观认识全球形势新变化在锂资源领域的体现和影响，深入分析新常态下国内经济安全的新需求,是新发展格局下锂产业链安全统筹着眼全球和立足国内的集中体现,也是中国参与锂资源全球治理的现实需要。从根本上说,全球治理是治理从国内层面到国际层面的崛起[230]。从全球治理的角度来看,中国锂产业链安全要求与全球全产业链中各个实体共存,即通过矿产资源分配的全球化和国际矿产资源合作,提高中国锂资源的国际影响力。其中锂资源国际影响力是衡量一个国家在国际资源结构中从资源的国际市场价格到产业链后端优势等层面的影响能力[178]。

二、总体国家安全观下锂产业链安全的经济学解释

总体国家安全观下锂产业链安全首先强调通过完善市场机制提高锂产业链韧性,满足国内需求。图2-5显示了矿产资源市场供给和需求的短期变化。图中矿产资源的市场价格(P_1)是由市场供给曲线(SS)和市场总需求曲线(TD_1)共同决定的。曲线TD_1可进一步划分为消费者需求曲线(CD_1)以及投资者需求曲线(ID_1),曲线CD_1是每一价格下消费者需要的矿产品数量,曲线ID_1则表示每一价格下投资者已有矿产品库存。如图2-5(1)所示,投资者需求可以为负数。例如,当市场价格高于P_1时,投资者倾向于消耗库存以增加供应,而不是增加库存。曲线CD_1和曲线ID_1的斜率都是负的,反映了价格与需求的负相关;但曲线ID_1的斜率不总是为负。这是因为投资者的需求不仅取决于当期价格,还受投资者对未来价格预期的影响。当前的价格上涨导致对未来价格上涨的预期,进而导致投资者需求量的增加。然而,当价格继续上涨到某一点时,越来越高的当期价格挤占了投资者的价格上涨预期,因此在某些时刻投资者需求曲线的斜率将变为负数,如图中所示。当市场价格为P_1时,消费者对矿产品的需求量为OCQ_1,投资者的需求为OIQ_1,总需求量为消费者需求量与投资者需求量的和OTQ_1。

随着时间演进,市场需求曲线TD_1的右上方移动或者(和)市场供给曲线SS向左上方移动会导致商品价格上升。由于产能建设的时滞性以及短

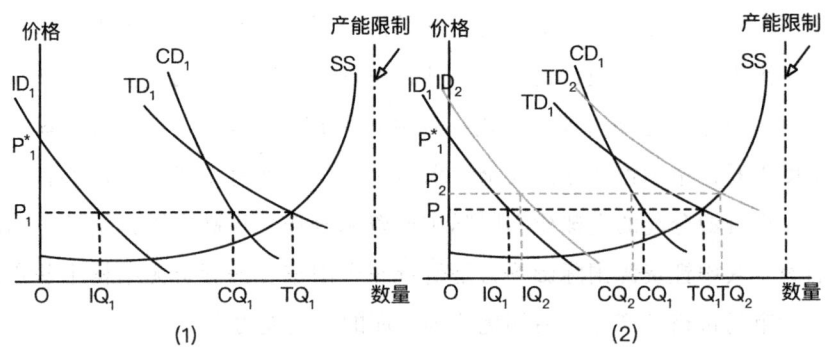

图 2-5 矿产资源供给需求价格机制

数据来源：根据 Tilton 和 Guzmán[243] 的研究绘制。

期内生产技术变革的困难，短期内矿产资源的供给难以发生显著变化，因此矿产资源短期内价格上涨并不是市场供应曲线移动的结果，而是由于市场需求的移动造成的，图 2-5（2）中显示了其中一种情况。由于投资者需求曲线向右上方移动至曲线 ID_2 处使总需求曲线向右上方移动到 TD_2 处，导致市场价格由 P_1 增长至 P_2。类似地，消费者需求曲线的可比转变也会引起总需求曲线的相似变化导致价格上涨。

矿产资源供给需求价格机制为本书从产业链视角研究锂产业链安全态势提供了基本支撑。根据矿产资源供求价格机制，价格波动是矿产资源市场供求关系变化的集中体现。价格对矿产资源供求的作用机制如图 2-6 所示。依赖行为经济学对经济决策的一般性规律的认识，价格上涨增加了供应商对当前设备的预期盈利能力，使短期内现有产能的利用率提高；另外，上涨的价格也推高了供应商对新产能的预期收益，使固定资产投资增加。产能利用率的提高和可用产能的增加提高了矿产资源供给。在需求侧，受需求的价格弹性影响，价格的增加使需求呈现时滞性下降。供给的增加和需求的下降的共同作用最终导致市场回归到新的均衡状态。依赖上述机制，本书在构建中国锂产业链系统动力学模型时，采用需求与价格双驱动机制对未来中国锂产业链安全态势进行研判。

第二章 总体国家安全观下锂产业链安全治理的理论解构 | 45

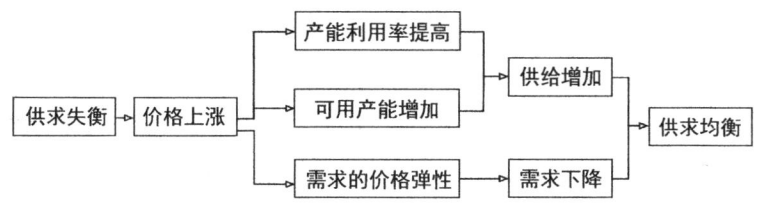

图 2-6 矿产资源市场的价格调节机制

三、总体国家安全观下锂产业链安全治理逻辑

在总结和回顾矿产资源安全评价理论、国家资源治理理论与全球价值链治理理论的基础上，本书基于总体国家安全观，以当前中国锂产业链安全诉求为导向，提出中国锂产业链安全治理体系框架，如图 2-7 所示。

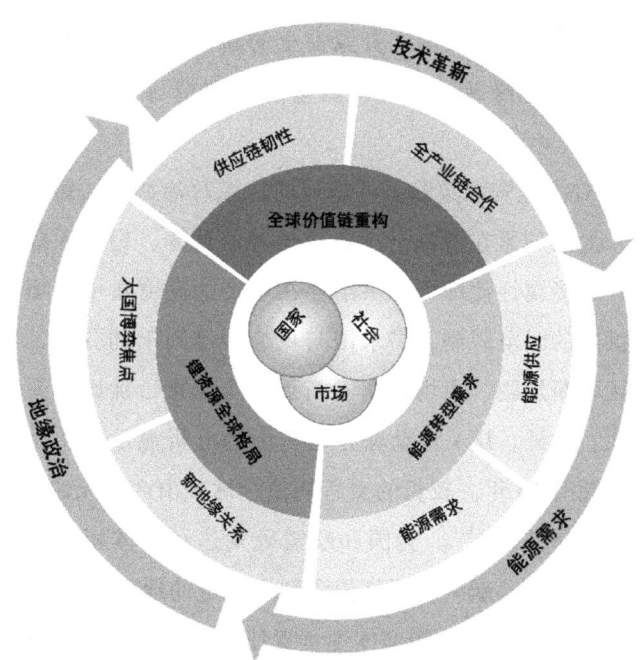

图 2-7 基于总体国家安全观的锂产业链安全治理体系框架

（一）治理主体

与国家资源治理涉及的主体一致，总体国家安全观下锂产业链安全治

理体系框架包含的治理主体核心为主权国家以及政府间区域性和国际性的国际组织,也包括各类非国家行为体,还涉及与之相关的广泛的利益相关者。各类治理主体代表不同的政治、利益、社会、文化、经济和环境背景,因此具有多主体性和复杂性。主权国家体现国家逻辑,大型跨国公司等各类非国家行为体则显示了市场逻辑,社会逻辑则代表其他利益相关者。国家逻辑既是在全球低碳转型关键期,勇担大国责任建设人类命运共同体的客观要求,也是充分利用"两种资源两个市场"保障国内战略性新兴产业发展需求的国家底线。市场逻辑内生的资本趋利引起的"市场失灵"导致锂资源作为公共品的全球价值链配置效率损失。受各国政策支持成长起来的大型跨国企业[183],对解决供需不对称问题具有天然优势①。社会逻辑要求矿产资源安全治理以维护人类共同利益为前提。

(二) 治理目标

基于总体国家安全观下矿产资源安全的新诉求,锂产业链安全治理体系的目标包括应对地缘政治博弈、加速能源转型与实现矿产资源价值链重构。

1. 妥善应对由锂资源禀赋条件造成的地缘政治博弈。短期内锂资源生产集中度高,大国加紧在资源全产业链领域的博弈。锂资源固有的技术—地质—经济—环境属性使锂资源供给存在生产的高度集中与项目提前期限制。锂资源供应的时空限制,需求国与供应国空间上的分离,加上资源民族主义与市场垄断加剧、市场炒作不断加强等因素,加剧了锂资源供应体系的不稳定性。此外,IEA 对全球在运矿山的分析显示,从探明资源量到首次开发平均耗时 16 年。较长的交货期使全球矿山产能无法应对需求的迅速增长,引发价格波动[170]。美国和欧盟等发达经济体相继开展了确保原材料稳定供应的实践,新一轮围绕锂资源产业链的地缘政治博弈加剧。

2. 推进能源结构低碳化转型体现负责任大国的担当。应对全球气候变化与低碳可持续发展已经成为国际关系的热点问题。提高国家自主贡献力度,主动由化石能源消费大国向清洁绿色低碳大国转型,体现了中国作为

---

① 吴巧生. 矿产资源供应链全球治理的中国角色与愿景 [N]. 中国矿业报, 2020 - 04 - 03 (1).

负责任大国的使命感[244]。良好的资源治理是管理锂资源开发利用的环境和社会影响,并释放锂资源作为可持续增长和低碳技术发展的催化剂的关键。工业革命以来,煤炭和石油等化石能源持续开发导致了全球变暖,要求发达国家提高资源效率,实现资源的使用与经济增长绝对脱钩,同时要求发展中国家经济增长与资源使用相对脱钩。全球向清洁能源技术的转型与能源效率的提升需要安全和经济适用的技术支撑[245],但对于哪种矿产资源对能源转型至关重要,目前尚无共识。对于大多数资源丰富的发展中国家来说,石油、天然气以及部分关键金属的开采由于"飞地"属性[170]并没有转化为基础广泛的经济、人类和社会发展,缺少技术和资金支持以应对全球低碳化转型。中国在双碳目标下推进新能源汽车等技术的发展积累的相关转型经验和锂资源开发利用技术可通过绿色"一带一路"建设推广至沿线国家和地区,推进全球能源系统绿色发展,助力各国共同实现锂资源可持续开发利用。

3. 落实全产业链合作,加速全球价值链重构。与石油等能源矿产主要交易初级矿产品具有明显差别的是锂资源的国际贸易不仅涉及初级矿产品,中间产品和不同用途的终端产品贸易也异常繁荣,这与全球价值链的深入发展带动的全球生产网络和贸易的繁荣密切相关。锂资源全球价值链的发展允许跨国公司按照国际生产折中方式在全球范围内寻找最优产业链组合:采矿和矿石加工往往需要良好的地质条件;进一步加工制造则需要提供可用的基础设施、良好的冶炼技能以及价格低廉的能源和水资源;制成品的销售则需要广阔的消费市场。并非每个国家都具备良好的地质条件,而且没有一个国家能够经济地生产当前制造工艺所需的所有矿产资源。伴随全球航运条件的改善,矿产资源全球价值链将生产国与制造国家以及下游的终端消费者联系起来。依托全球价值链,每个国家都出于各种目的需要不同类型的矿产品。

全球化重塑了矿产资源全球产业结构,地缘政治与军备竞争的效用明显让位为矿产资源禀赋与市场规模。全球价值链视角下,影响各国价值链高端站位的重要因素是产业政策、尖端技术和市场规模。巨大的市场规模为新技术、新产业提供了良好的生存空间、发展环境以及产业关联优势,对全球优势资源产生"虹吸效应",助力全球范围内的经济要素整合与集聚效应的形成,各国产业政策的溢出效应、回溢效应和联动效应日趋显著,产业安全已超越地缘政治,成为国际政治经济关系领域,尤其是矿产资源产业链安全问题的焦点,更加强调将选择性的产业政策体系调整为竞争性政策,加快产业结构调整提升竞争力。

(三)治理方式

从国家层面看,国家逻辑如何驾驭、利用与引导市场逻辑的运行,克服"市场失灵",是国家产业政策形成的原动力,且有助于提高产业链韧性。立足国内锂资源开发利用现状,以加强国内锂资源地质勘探、摸清家底为基本点,从提高全产业链综合利用效率,推动城市矿产开发,提高回收利用率,增强科技投入实现新材料与可替代材料的研发等方面实现本国锂资源的可持续开发与高效利用。

从全球层面看,国家意志与市场力量之间的错配难以避免。当前锂资源全球治理的包容性普遍缺失,锂资源的国别价值如何深度融入人类命运共同体的构建之中,是当前值得深入探讨的重要议题。随着全球化深入以及多元网络治理格局的形成,跨国公司、非政府组织、区域合作组织等非国家行为体参与全球治理的积极性与能力得到逐步提高,超越国家间合作的治理正在成为矿产资源全球治理的重要组成部分。以共建"一带一路"倡议为出发点,提高各类行为体信息数据的共享能力,通过全产业链深入合作,提出和践行切合广大发展中国家诉求的锂资源全球治理体系[225]。

第四节 本章小节

本章在梳理已有矿产资源安全评价理论、国家资源治理理论与全球价值链治理理论的基础上,基于当前国家安全观的内涵和特点,明确了总体国家安全观下的矿产资源安全诉求,即中国产业发展造成的资源需求赤字,使矿产资源供需失衡成为影响成本的关键,对外需要主动嵌入全球价值链，实现全球共同安全，对内则需要创造有利于新技术大规模应用的国内环境，提高矿产资源产业链韧性，实现资源优化配置。在此基础上，提出了总体国家安全观下的锂产业链安全分析框架，即不仅要考虑全球供应稳定性，还要体现锂资源对国民经济发展的基础支撑作用，实现国内安全与全球资源治理的协同作用。最后，提出了中国锂产业链安全治理体系框架，即在国家层面由国家逻辑引导市场逻辑提高产业链韧性，在全球层面要实现国家意志与市场力量的包容性发展。

第三章 全球锂资源全产业链格局与中国供求趋势

第一节 全球锂资源全产业链格局

一、全球锂资源产消格局

从上游锂资源开采到下游含锂产品的制造,锂的生命周期可简单分为上游锂资源,下游最终产品和介于上游与下游之间的中间产品(图3-1)。

从上游观察,全球锂资源主要集中在盐湖卤水矿床和固态硬岩矿床中,主要矿床类型有大陆盐湖型、花岗伟晶岩型(矿床主要成分为锂辉石、锂云母、透锂长石等)和黏土型(主要成分为锂蒙脱石)等[89,90,92,247]。美国地质调查局(USGS)最新数据显示,全球已探明86×10^6吨金属锂资源,其中经济可采储量约占24.4%[14]。全球金属锂资源集中分布在玻利维亚、阿根廷、智利和澳大利亚,四国资源量占全球总量的65.5%,其中玻利维亚、阿根廷和智利是主要的盐湖卤水锂资源国,澳大利亚是锂辉石资源丰富的国家。从经济可采储量角度,智利以占全球44%的份额居世界首位,其次是澳大利亚(占全球金属锂经济可采储量的22%,下同)、阿根廷(9%)、中国(7%)、美国(4%)、加拿大(3%)和津巴布韦(1%),7国累计占世界储量的90%,如图3-2所示。2019年全球金属锂产量8.7×10^4吨,集中在澳大利亚(占全球锂产量的52%,

第三章 全球锂资源全产业链格局与中国供求趋势 | 51

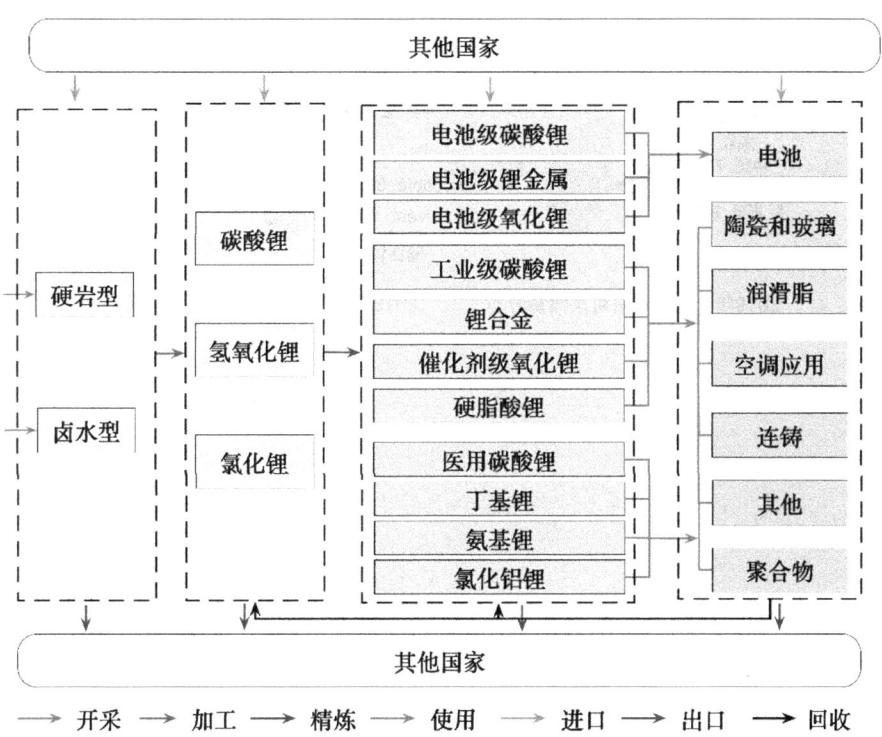

图 3-1 锂全生命周期产业链流程

数据来源：根据已有文献[90, 246]绘制

下同)、智利（22%）、中国（12%）、阿根廷（7%）、巴西（3%）、津巴布韦（1%）、葡萄牙（1%）、美国（1%）、加拿大（0.2%）。图 3-2 中还显示 2012 年以前，智利是全球最大的锂生产国，2013 年以来澳大利亚取代了智利成为全球最大的锂生产国。全球锂生产国的变化同时也反映了主要锂开采品种的变化。Sun 等[90]追踪了 2014 年全球锂流动，发现在 2014 年全球卤水型锂产量占全球总量的 56%，高于硬岩型锂产量。比较 2014 年与 2019 年全球锂产量，硬岩型锂矿产量增幅超过 8%，卤水型锂矿产量同比下降。尽管当前阿根廷和玻利维亚等全球主要卤水型锂矿资源国产量增幅并不明显，但上述两国资源量大，未来全球锂产量增长的重点地区仍是该区域。全球锂盐产量集中美国雅宝、FMC，澳大利亚泰利森（天齐锂业占股 51%，雅宝占股 49%）和智利 SQM 四家公司，享有全球 90%

的锂资源①。

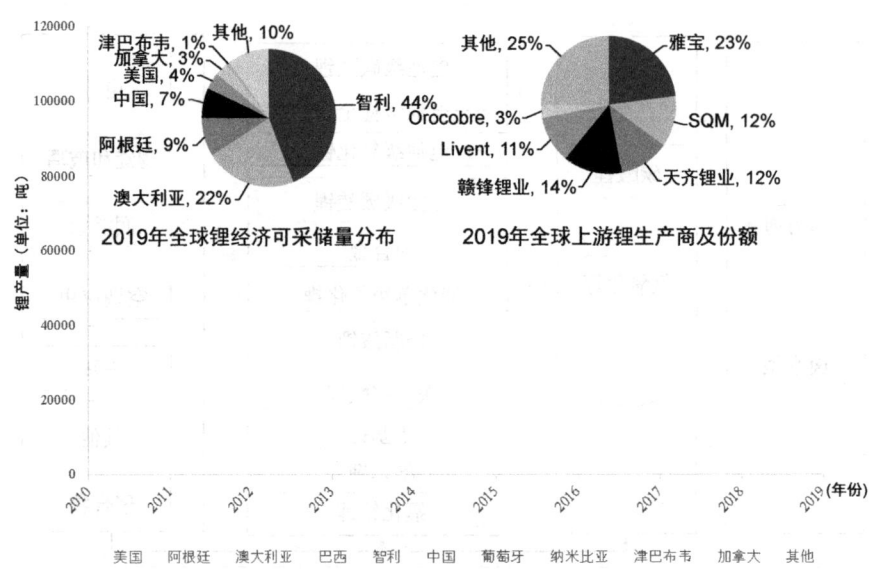

图 3-2 全球锂资源储量、产量国别分布与上游锂盐企业份额
资料来源：根据美国地质调查局[14]资料绘制

来自锂产业链的主要中间产品是碳酸锂，氢氧化锂，氯化锂和含锂化合物，这些中间产品被进一步加工并制造为最终产品。其中，就产量和贸易量而言，碳酸锂是世界上使用最广泛的锂产品[86]。根据 Sun[89] 的研究，在锂中间品和最终产品制造阶段，中国是全球最大的生产国，因此也是全球最大的锂矿资源消费国，其次是日本和韩国。

下游锂市场上有很多产品，广泛用于陶瓷，润滑剂，制冷剂和其他领域[248]，还是医药和聚合物的重要原料，其中 65% 的锂被用于电池领域。从国家角度，2019 年全球锂消费集中在中国（占全球总消费量的 39%，下同）、韩国（20%）、日本（18%）、欧洲（10%）和北美（6%）等国家和地区，且中韩日三国占全球总消费份额的 70% 以上。

---

① 川财证券. 海外锂矿增产暂停，国内企业逆势上行 [EB/OL]. (2020-07-31) [2021-09-14]. http://pdf.dfcfw.com/pdf/H3_AP202007311395515560_1.PDF.

二、全球锂资源贸易格局

在全球价值链中,一个国家与其他国家不断地发生含锂产品进出口贸易。考虑到数据的完整性,此处选择联合国商品贸易数据库(UN Comtrade)① 作为含锂产品全球贸易数据的来源。经梳理,该数据库中涉及锂产品的商品代码共 6 条,其中上游锂资源集中在代码 280519(不含钠与钙的碱金属或碱土金属),无法精确度量锂贸易量,故舍去。所有商品已经按照摩尔质量比转换为金属锂含量单位,如表 3-1 所示。

表 3-1　　　　　　　　含锂产品清单及相关单位的转换系数

贸易环节	HS 编码	商品名称	转换系数
上游	282520	氢氧化锂	0.165
	283691	碳酸锂	0.188
	290433	全氟辛基磺酸锂	0.014
下游	850650	锂的原电池及原电池组	1
	850760	锂离子蓄电池	1

数据来源:借鉴已有文献[90,246,248]整理,转换系数为相关产品的摩尔质量比

1. 研究数据与研究方法。

(1) 研究数据。借鉴 Zhu 等[179]的研究,本节使用锂全产业链全球贸易数据,采用社会网络分析方法研判锂资源全球全产业链竞争格局。为显示全球锂贸易的动态演化特征,研究时间设定为 2010 年、2015 年和 2019 年,数据来自联合国商品贸易数据库。考虑到数据的完整性,此处使用贸易额数据衡量贸易量大小,且所有商品贸易额转换为以 2010 年不变价美元为单位,以消除通货膨胀的影响。历年联合国商品贸易数据库中涵盖的锂上游产品与下游产品清单及记录的贸易条数,如表 3-2 所示。

---

① UN Comtrade. https://comtrade.un.org/。

表3-2　　历年锂全产业链产品清单与贸易条数统计

产业链环节	商品代码	2010年	2015年	2019年	小记
上游	282520	373	408	464	1245
	283691	390	506	504	1400
	290433	0	0	23	23
下游	850650	2999	3642	4063	10704
	850760	0	3855	3367	7222
小记		3762	8411	8421	20594

在使用上述数据进行分析前，还需要对原始数据进行处理，以保证数据能有效服务研究目的。处理过程包括：首先，删除了数据集中出口方为"World"的数据，这是各个国家进口的总和；其次，删除了进口方为"EU-28"和"ASEAN"的数据，这两个数据分别为欧盟和东盟国家的贸易总数据，与两个区域内各个国家单独的数据重复；此外，将中国香港，中国澳门与中国统一为中国的数据，最终本节使用的数据描述性统计，如表3-3所示。

表3-3　　全球锂全产业链贸易数据描述性统计

指标	2010年 u	2010年 d	2015年 u	2015年 d	2019年 u	2019年 d
参与贸易国数量	122	177	123	211	103	191
发生的贸易次数	564	2999	687	4804	710	662
贸易额最大值	56518146	144277960	80695626	1766000000	379199946	1831000000
贸易额均值	750046	609422	772508	3092000	3074731	6165000
平均度	4.623	16.944	5.585	22.768	6.893	24.408
图密度	0.038	0.096	0.046	0.108	0.068	0.128

注：本表中贸易额单位为2010年不变价美元，u表示上游锂产品贸易，d表示下游锂产品贸易

（2）研究方法。本节使用社会网络方法研究锂全产业链全球贸易演化特征。以 x_n 表示锂贸易国，锂产品 y_p 表示具体锂产品，其中 $p=1$ 和 $p=2$ 分别表示锂上游环节和锂下游环节，t 为研究时间，此处分别为2010年、2015年和2019年。以2010年为例，全球锂产业链上游环节 y_1 的锂贸易矩

阵 $A_{p,n,t}$ 如公式（3.1）所示，其中 $p=1$，$t=2010$，n 为参与锂产品上游贸易的国家数量，此处为 122，a_{nn} 为从第 n 国到第 n 国出口的贸易额。按此方法得以构建一个多时点加权有向全球锂贸易网络。

$$A_{1,n,2010} = \begin{bmatrix} a_{11} & \cdots & a_{1n} \\ \vdots & \ddots & \vdots \\ a_{n1} & \cdots & a_{nn} \end{bmatrix} \tag{3.1}$$

基于矩阵 $A_{p,n,t}$，本书首先采用 Gephi 软件[①]分别对 2010 年、2015 年和 2019 年全球锂上游产业链和下游产业链进行了可视化处理。同时，本书采用度中心性、加权度中心性和中介中心性三个指标衡量全球各个锂贸易国的特征。此外，采用平均度和图密度指标衡量整个贸易网络的特征。

①度中心性（D）。在有向网络中，一个节点的度数用来描述网络中节点连接数的分布，是与该节点直接相连的其他节点的数量，分为出度（OD）和入度（ID），如公式（3.2）所示。一个节点的出度是指从该节点指向其他节点的边数；同理入度是指从其他节点指向该节点的边数。在全球锂贸易网络中，参与的贸易国就是节点，节点的度反映的是一个国家贸易的多样性。其中，出度反映的是出口的多样性，入度反映的是进口来源的多样性。公式（3.2）中 a_{il} 表示从第 i 国出口到第 l 国的贸易额，当 a_{il} 不为 0 时表示两国存在出口贸易，记 r 为 1，以此求和得到以第 i 国为出口来源地的国家数即为第 i 国的出度。类似地，a_{li} 表示第 i 国从第 l 国进口的贸易额，当 a_{li} 不为 0 时表示两国存在进口贸易，记 r 为 1，以此求和计算以第 i 国为进口来源地国家数即为第 i 国的入度。

$$D_i = OD_i + ID_i$$

$$OD_i = \sum_{j=1}^{l} r, r_j = \begin{cases} 1, a_{il} \neq 0 \\ 0, a_{il} = 0 \end{cases}$$

$$ID_i = \sum_{j=1}^{l} r, r_j = \begin{cases} 1, a_{li} \neq 0 \\ 0, a_{li} = 0 \end{cases} \tag{3.2}$$

[①] Bastian M., Heymann S., Jacomy M. Gephi: an open source software for exploring and manipulating networks [EB/OL]. 2009, https://gephi.org/users/publications/。

②加权度中心性（WD）。在加权网络中，一个节点的加权度（WD）是指与该节点直接相连的所有节点的边权重之和。与节点的度相比，节点的加权度不仅考虑网络中节点的邻接点数量，而且将邻接点的边权重考虑在内。与度相似，节点的加权度进一步细分为加权出度（WOD）和加权入度（WID），如公式（3.3）所示。在锂全球贸易中，一个国家的加权度越大表明该国在国际贸易中所占的份额就越高，表明该国家贸易能力越佳；类似地，加权出度越大，该国出口贸易的份额就越高，表明该国出口能力越强；加权入度越大，该国进口贸易的份额就越高，进口能力越大。公式（3.3）中 a_{ij} 表示从第 i 国出口到第 l 国的贸易额，求和得到第 i 国的出口额即为第 i 国的加权出度。类似地，a_{li} 表示第 i 国从第 l 国进口的贸易额，以此求和计算第 i 国的进口额即为第 i 国的加权入度。

$$WD_i = WOD_i + WID_i$$

$$WOD_i = \sum_{j=1}^{l} a_{ij}$$

$$WID_i = \sum_{j=1}^{l} a_{ji} \tag{3.3}$$

③中介中心性（BC）。中介中心性（BC）用于描述一个节点是否位于网络中任意两点的最短路径之间，如公式（3.4）所示。在全球锂贸易网络中，一个国家（节点）占据的这种位置越多，其中介中心性就越高，对资源的控制程度就越高，重要性就越高，对其他两个国家（节点）之间贸易的控制能力也就越强。公式（3.4）中 BC_i 表示第 i 国的中介中心性，$D^i(v,q)$ 是两个国家 v 和 q 通过第 i 国的最短路径数，$D(v,q)$ 是两个国家最短路径数。

$$BC_i = \sum_{(v,q)} \frac{D^i(v,q)}{D(v,q)} \tag{3.4}$$

④平均度（AD）和图密度（GD）。一个有向网络的平均度（AD）是网络中所有节点度总和的平均值，平均度越高反映出网络中节点的联系越密切，计算公式如公式（3.5）所示。一个有向网络的图密度（GD）是网络中节点联系密集程度的另一度量指标，使用网络中实际发生的贸易关系与潜在贸易关系的比值表示，如公式（3.6）所示，其中 *Edges* 为网络中

实际的贸易关系，$n(n-1)$ 为潜在的贸易关系。本书计算的历年全球锂上游产品贸易网络和下游产品贸易网络的平均度与图密度，如表 3-3 所示。

$$AD = \frac{\sum D_n}{2} \tag{3.5}$$

$$GD = \frac{Edges}{n(n-1)} \tag{3.6}$$

2. 锂全球全产业链贸易格局与中国地位。全球锂产业链分上游环节和下游环节从 2010 年至 2015 年，再到 2019 年的贸易网络变化，如图 3-3 所示。图中 u 表示上游锂产品贸易，d 表示下游锂产品贸易，节点表示参与锂贸易的国家。节点的大小表示当年锂产量，节点越大表示产量越大，原始数据来源于美国地质调查局。例如，2010 年智利是全球锂产量最大的国家，因此 2010 年上游和下游锂贸易网络中智利的节点面积最大；而到 2019 年澳大利亚成为全球最大的锂产量国，反映在图中 2019 年澳大利亚的节点面积最大。节点的颜色为贸易国的度，颜色越红度越高。如 2010 年中国在全球锂上游产品的贸易最频繁，因此颜色为红色。图中连接两个节点的边为贸易量，箭头表示贸易方向，边的宽度表示贸易额的大小，边越宽贸易额越大。如 2010 年日本从智利进口的上游锂产品贸易额最大，反映在图中智利指向日本的边也最宽。

对比锂上游贸易图 3-3 (1) - (3) 与下游贸易图 3-3 (4) - (5)，全球锂下游贸易的参与国家、贸易规模和贸易频繁度均大于锂上游贸易。从贸易网络演化角度分析，2010~2019 年，全球锂上游贸易网络和下游贸易网络均表现出网络密度逐年增加的趋势，表现出锂全球贸易愈加紧密，同时，也反映了主要锂生产国在全球锂贸易中的地位。以中国和美国为代表的锂生产国在全球上游锂产品贸易和全球下游锂产品贸易中均与其他国家的贸易联系紧密。而以智利为代表的锂生产国在全球上游锂产品贸易中的频繁度要高于在下游锂产品贸易中的频繁度。与之相反的是以澳大利亚为代表的锂生产国，他们与其他国家在全球上游锂产品的贸易联系密切度要低于他们在下游锂产品市场与其他国家的贸易联系。

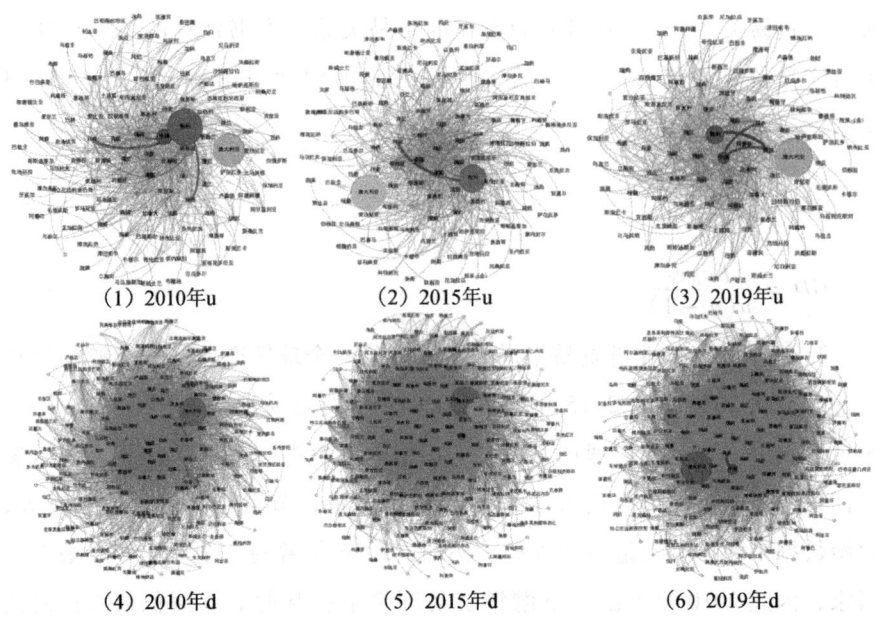

图 3-3 锂全产业链贸易格局变化

图 3-4 比较了全球主要锂生产国分别在全球锂上游产品贸易与锂下游产品贸易中的入度、出度和度。总体来看，与上游产品贸易相比，主要锂生产国在研究期内在下游锂产品贸易中的多样性特征明显。与其他国家相比，中国和美国在全球锂贸易中的贸易多元化特征更加明显，且相比于进口来源多元化，两国在锂上游产品和锂下游产品的贸易中的出口多样化特征均更加明显。进一步分析中国在全球锂贸易中的变化，图中显示从 2010 年到 2015 年，再到 2019 年中国入度值逐渐增加，表明了中国进口来源地增加，在其他条件不变的情况下，反映了中国锂贸易地位改善与锂安全水平提高。

图 3-5 为全球锂贸易的加权度累计分布图。图中横坐标是历年按加权度从大到小依次排列的国家数量（以百分比表示），纵坐标为上述国家历年加权度的累计分布（以百分比表示）。图中显示 2010 年以来全球锂贸易加权度累计分布曲线呈现长尾特征，符合帕累托分布特征，即全球超过 80% 的锂贸易集中发生在少于 20% 的国家之中。且进一步观察全球锂上游产品贸易的加权度累计分布曲线，可以发现曲线的斜率正在逐渐增加，表

第三章　全球锂资源全产业链格局与中国供求趋势 | 59

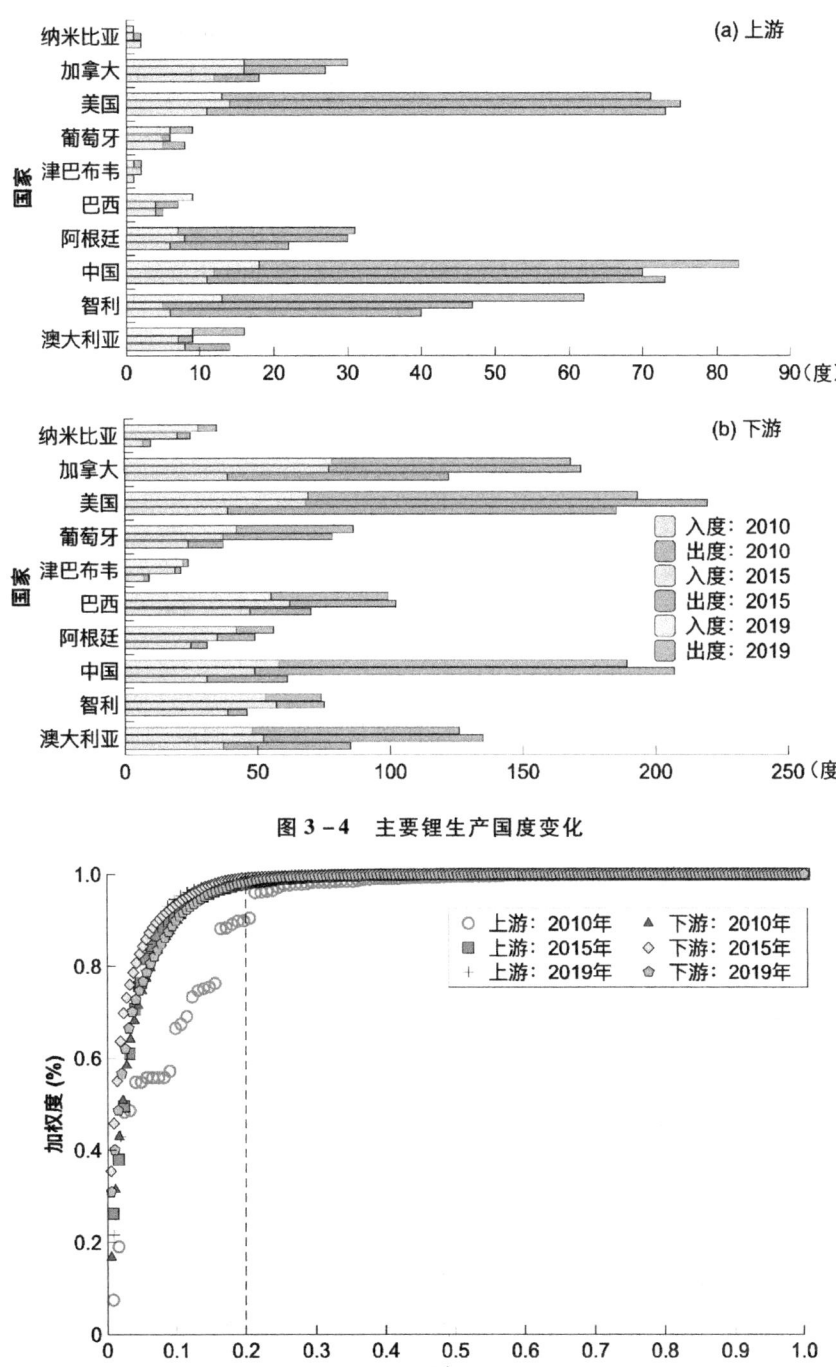

图 3-4　主要锂生产国度变化

图 3-5　全球锂贸易加权度累计分布

明相对于全球锂下游产品贸易,全球锂上游产品贸易的集中特征更加明显。表3-4显示了历年全球锂贸易加权度排名前5的国家,由表中信息可知,智利在全球锂上游产品贸易网络中拥有最好的贸易能力,中国在全球锂下游产品贸易环节的贸易能力强。相比于全球锂上游产品贸易中全球锂生产国具有的贸易优势地位,全球锂下游产品贸易中锂生产国的贸易能力不足,相反以日本、韩国为代表的锂需求市场的贸易能力强劲。

表3-4　　　　全球锂全产业链贸易加权度排名前5的国家

排名	上游			下游		
	2010u	2015u	2019u	2010d	2015d	2019d
1	智利	智利	中国	中国	中国	中国
2	日本	美国	智利	美国	美国	韩国
3	美国	日本	韩国	日本	日本	美国
4	德国	中国	日本	新加坡	韩国	德国
5	中国	韩国	阿根廷	印度尼西亚	德国	日本

为进一步寻找在高度集中的全球锂贸易中享有控制能力的关键节点,此处首先选出全球主要的10个锂生产国,分别是阿根廷、澳大利亚、巴西、加拿大、智利、中国、纳米比亚、葡萄牙、美国和津巴布韦。除上述10个国家外,再从历年锂贸易网络中抽取中介中心性排名前5的国家,分别为西班牙、德国、英国、荷兰、印度、墨西哥、丹麦、意大利、法国和南非,总共20个国家,观察上述国家贸易影响力的变化,如图3-6所示。图中每个节点表示一个国家,不同年份的同一个国家用同一种颜色表示。节点的大小表示该国节点中心性指标的得分,得分越高节点越大。横坐标为主要国家的中介中心性排名,排名越高的国家中介中心性得分越高,节点就越大。纵坐标表示年份,分别为2010年、2015年和2019年。全球锂贸易在图中进一步细分为锂上游产品贸易和下游锂产品贸易以观察主要国家的中介中心性变化情况。图中信息显示,全球锂贸易国中介中心性较高的国家不是锂生产国,而是集中在欧洲的荷兰、德国和西班牙,北美洲的美国和加拿大,以及亚洲的中国和印度,这表明全球锂生产国对全球锂贸易的影响力远低于锂需求国的影响力,未来全球锂贸易格局的演化将随着

新技术催生的锂需求发生重要变化。

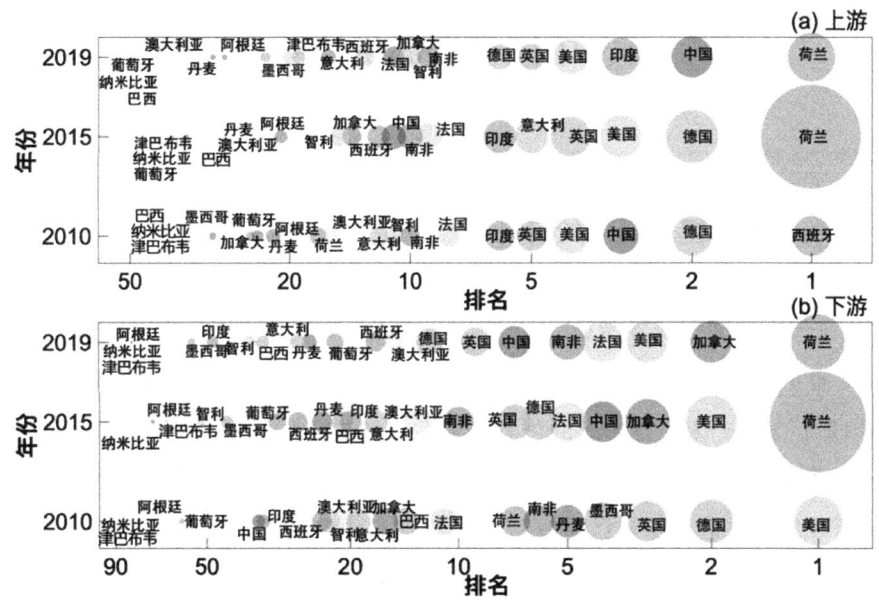

图3-6 主要锂贸易国中介中心性变化

上述分析显示，全球锂贸易愈加频繁且集中性特征明显，超过80%的锂贸易集中发生在20%的国家之间；由于锂需求市场的贸易能力与影响力强劲，全球锂贸易格局的演化随着新技术催生的锂需求正在发生由锂生产国主导向锂需求国主导的重要变化，未来锂需求国在全球全产业链锂贸易中的影响将会增强。

当前中国在全球锂贸易中的多元化特征明显，在其他条件不变的情况下，中国进口来源地的增加能有效改善中国锂贸易地位，提高锂产业链安全水平。尽管中国在全球锂贸易中的贸易能力良好，但贸易影响力不足。未来在新能源汽车等技术发展情景下，国内锂需求势必随之增长，如何把握全球锂贸易从锂生产国向锂需求国的转变，保证在国内锂资源有效供给与产业链平稳运行的情况下提升中国在全球锂贸易网络中的影响力是值得思考的问题。

第二节 中国锂资源供给趋势判断

一、中国锂资源供给特征

(一) 中国锂资源特征

根据已有研究[44, 83, 249, 250][69]和公开可获得的信息[7, 14],本书确定了中国12个含锂矿床,各矿床的位置、类型、储量、资源量及品位数据,如表3-5所示。目前中国已探明锂储量的矿床共8个,其中对3个分布在青海和西藏的卤水矿床储量已有一致结论,即青海柴达木/青海/台吉乃尔矿床锂储量约为 $(0.5 \sim 1) \times 10^6$ 吨,西藏当雄措矿床和扎布耶盐湖锂储量分别为 0.1×10^6 吨和 0.7×10^6 吨;剩余5个储量已知的矿石型矿床分别为宜春、甲基卡、道县、马尔康和呷基卡,储量分别约为 0.2×10^6 吨,0.2×10^6 吨,0.1×10^6 吨,0.2×10^6 吨,和 0.3×10^6 吨。

表 3-5　　　　中国主要锂矿床基础数据　　　　(单位:10^6 吨)

矿床名称	位置	类型	储量 [249]	储量 [44]	储量 [250]	储量 [69]	储量 [83]	储量 [14]	资源量	锂含量[249]	等级
柴达木/青海/台吉乃尔	青海	卤水	0.5	0.5~1	0.5	1	0.9		1	0.03	L
当雄措/DXC	西藏	卤水	0.08	0.1	0.1	0.1	0.1		0.16	0.045	L
扎布耶盐湖	西藏	卤水	0.75	0.7~0.8	0.8	0.8	0.7		1.25	0.097	L
宜春	江西	锂云母	0.2	0.2	—	0.2	—		0.5	2	H
甲基卡	四川	锂辉石	0.2	0.2~1.2	—	0.2	0.1		0.5	0.8	H
道县	湖南	锂云母	0.1	0.1	—	0.1	—	1.5	0.2	0.55	L
潜江凹陷锂成矿带	湖北	透锂长石	—	—	—	—	—		0.042	0.67	L
李家沟	四川	透锂长石	—	—	—	—	—		0.06	0.67	L
马尔康	四川	锂辉石	0.2	0.1~0.2	—	0.2	0.1		0.5	0.6	L
呷基卡 (Gajika)	四川	锂辉石	0.3	0.3	—	0.3	0.3		0.6	0.6	L
金川	四川	透锂长石	—	—	—	—	—		0.5	0.67	L
宁都	江西	透锂长石	—	—	—	—	—		0.5	0.67	L

数据来源:根据已有研究[44, 83, 249, 251][69]与公开数据[7, 14]整理而成,H 表示高品位锂矿床,L 代表低品位锂矿床

根据 Ambrose 和 Kendall[249]的研究，全球锂矿床按照平均锂含量可以分为高/低品位卤水矿床，高/低品位伟晶岩型矿床（表3-6）。借鉴其分类方法，本书将中国12个锂矿床按照锂含量进一步分类（表3-5第12列）。表3-5显示，中国只有16%的锂矿床属于高品位锂矿床（2/12），其他属于低品位矿床。可以预见，随着中国国内锂产量的增长，未来国产锂平均成本将会从约171000元/吨上升到约175000元/吨（表3-7）。

表3-6　　　　　　按平均锂含量分类的锂矿床种类

类型	平均锂含量（%）
高等级伟晶岩矿床	1.605
低等级伟晶岩矿床	0.761
其他低等级硬岩型矿床	0.301
高等级卤水矿床	0.105
低等级卤水矿床	0.035
劣等卤水矿床	0.004

数据来源：Ambrose 和 Kendall[249]

表3-7　　　　　　中国锂生产成本　　　（单位：元/吨，2018年不变价）

类型	平均值	最小值	最大值	标准差
高等级卤水矿	109247.34	109247.34	109247.34	—
高等级硬岩矿	233689.31	233689.31	233689.31	—
高等级均值	171468.32			
低等级卤水矿	135831.48	109247.34	215063.89	33687.04
低等级硬岩矿	213822.56	145663.12	355832.97	72364.11
低等级均值	174827.02			

数据来源：原始数据来源于 Ambrose 和 Kendall[249]，并按2018年美元对人民币平均汇率将原文献中以美元/碳酸锂计价的成本转为元/金属锂

（二）中国锂历史产量与最终可采储量

2006年以前中国锂历史产量数据来源于 Mohr 等[68]，由于 Mohr 等[68]使用的中国产量数据来源于美国地质调查局（USGS），为保证数据的一致性，本书使用美国地质调查局发布的产量数据补齐了中国到2019年的历史

产量数据，尽管这一数据与中国地质调查局（CGS）发布的数据并不完全吻合，如图3-7所示。自1973年来，中国锂产量呈稳步上升趋势，特别是2007年以来，国内产量增幅明显。

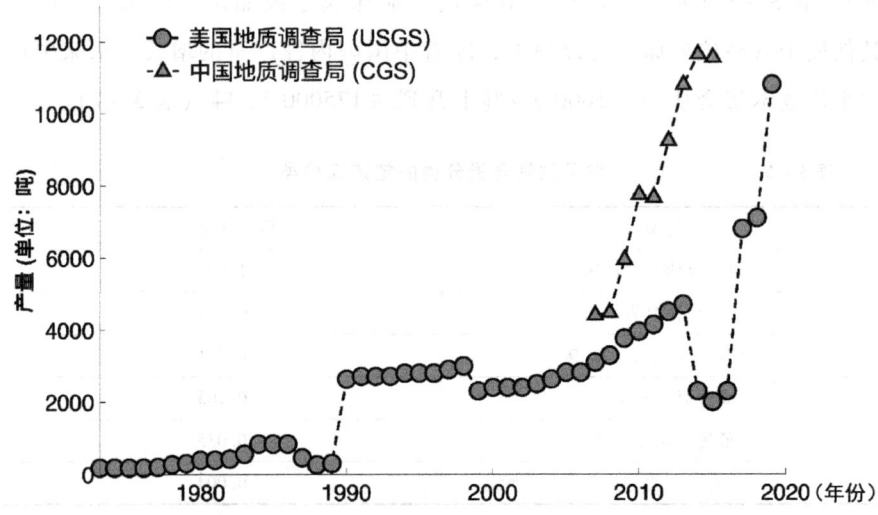

图3-7 中国锂历史产量不同数据来源对比

数据来源：根据相关文献[7, 14][68]中的数据整理绘制

表3-8 现有研究对中国锂最终可采储量（URR）的估计及本书设定

代表文献	URR（10^6吨）
Mohr 等[68]	0.183~0.616
Vikström 等[44]	3.942，7.402
Ambrose 和 Kendall[249]	8.402
Sun 等[252]	3.2，7，10
本书设定	3.942，5.5，8.402

已有研究证实锂资源技术经济可供性决定了锂产量。此处总结了现有文献对中国锂最终可采储量（URR）的估计，如表3-8所示。Mohr 等[68]将中国 URR 设定为 $0.183~0.616\times 10^6$ 吨，这明显低于中国当前可采储量，与实际不符。更为常见的对中国 URR 的估计是在 $3.9~10^7$ 吨，如 Vikström 等[44]估计了中国锂储量的上、下限，据此推算最低 URR 为 3.942×10^6 吨，最高 URR 为 7.402×10^6 吨；Ambrose 和 Kendall[249]估计的中国锂 URR 为

8.402×10^6 吨; Sun 等[252]根据美国地质调查局确定的中国锂储量、可采资源量与估计潜在资源量将中国 URR 分为 3 个等级,分别为 3.2×10^6、7×10^6 和 10×10^6 吨。借鉴上述文献,本书在考虑当前中国主要锂矿床资源的基础上,将中国 URR 设定为 3 种情景,即 URR1 为 3.942×10^6 吨,即按 Vikström 等[44]方法估算的中国锂最低储量值,URR2 为 5.5×10^6 吨,接近当前 USGS 对中国资源量的估计,URR3 为 8.402×10^6 吨,主要借鉴了 Ambrose 和 Kendall[249]的研究中对中国 URR 的估计。

二、中国锂资源供给预测

(一) 研究方法

已有大量研究证实了有限资源的产量轨迹。Hubbert[55]发现了石油的生产速率满足钟形曲线,并得到了可以用于预测累积产量和最终可采储量的哈伯特模型。已有学者利用该模型预测锂产量[44][69]。对于连续随机变量 x,累积分布函数 (Cumulative distribution function, CDF) $F(x)$ 和概率密度函数 (Probability density function, PDF) $f(x)$ 关系如公式 (3.7) 所示:

$$F(x) = \int_0^x f(x)dx \tag{3.7}$$

当 $x \to \infty$ 时:

$$F(x)_{x \to \infty} = \int_0^\infty f(x)dx = 1 \tag{3.8}$$

对于不可再生资源的开采,第 t 年的累积产量 $Q(t)$ 和年产量 $q(t)$ 的关系可以描述为:

$$Q(t) = \int_0^t q(t)dt \tag{3.9}$$

当 $t \to \infty$ 时,它遵循:

$$Q(t)_{t \to \infty} = \int_0^\infty q(t)dt = URR \tag{3.10}$$

将公式（3.10）转换为公式（3.11），即：

$$F(t)_{t\to\infty} = \frac{Q(t)_{t\to\infty}}{URR} = \frac{\int_0^\infty q(t)dt}{URR} = 1 \tag{3.11}$$

联合公式（3.8）和公式（3.11）可以推导出：

$$f(t) = \frac{q(t)}{URR} \tag{3.12}$$

给定不同的 PDF，可以得出年产量 $q(t)$ 预测模型为：

$$q(t) = URRf(t) \tag{3.13}$$

相应地，累积产量 $Q(t)$ 的预测模型为：

$$Q(t) = URRF(t) \tag{3.14}$$

因此，使用何种概率密度函数 $f(x)$ 和（或）累积分布函数 $F(x)$ 是描述给定模型的关键。如，假设累积产量符合 Logistic 行为，则满足 Logistic 分布的概率密度函数 $f(x)$ 和累积分布函数 $F(x)$ 分别为公式（3.15）和公式（3.16）：

$$f(x;\mu,s) = \frac{e^{-\frac{x-\mu}{s}}}{s(1+e^{-\frac{x-\mu}{s}})^2} \tag{3.15}$$

$$F(x;\mu,s) = \frac{1}{1+e^{-\frac{x-\mu}{s}}} \tag{3.16}$$

其中，x 是随机变量，μ 是均值，s 是与标准差成比例的参数。令 $t=x$，$t_{max}=\mu$，$a=\frac{1}{s}$，则年产量 $q(t)$ 与累积产量 $Q(t)$ 的数学函数分别为公式（3.17）和公式（3.18）所示：

$$q(t) = URRf(t) = URR\frac{a\,e^{-a(t-t_{max})}}{(1+e^{-a(t-t_{max})})^2} \tag{3.17}$$

$$Q(t) = URRf(t) = \frac{URR}{1+e^{-a(t-t_{max})}} \tag{3.18}$$

其中，t_{max} 是产量达峰年，a 是（逆衰减期）参数。公式（3.17）即为哈伯特模型，公式（3.18）是 Logistic 函数。可以看出哈伯特模型是 Logistic 函数的一阶导数。

由于 $q(t) = \frac{\partial Q(t)}{\partial t}$，则公式（3.17）可以转化为：

$$\frac{q(t)}{Q(t)} = a(1 - \frac{Q(t)}{URR}) \tag{3.19}$$

上式即为哈伯特线性化（Hubbert linearization）。已知历史产量时序数据可以根据上述线性公式估计参数 a 和 URR。

（二）研究数据与结果

本书使用经典哈伯特模型预测未来中国锂产量。其中，历史产量数据如上一节所述来自美国地质调查局，为中国 1973~2019 年的产量数据。URR 为根据国内主要锂矿床基础数据与已有文献设定的 3 种情景。

表 3-9　　　　　不同 URR 情景下中国锂产量模型参数

URR 情景（10^6 吨）	a	t_{max}	R^2	Adjusted-R^2
URR1 = 3.942	0.06698 (0.06243, 0.07154)	2072 (2069, 2075)	0.975	0.974
URR2 = 5.5	0.06656 (0.06202, 0.07111)	2078 (2074, 2081)	0.975	0.974
URR3 = 8.402	0.06619 (0.06003, 0.06789)	2085 (2081, 2088)	0.975	0.974

数据来源：作者绘制，括号中为 95% 置信区间

使用前文提到的方法和数据，本书对不同最终可采储量（URR）情景下中国锂产量进行了预测，结果图 3-8 和表 3-9 所示。当 URR 设定为 3.942×10^6 吨时，中国锂产量在 2072 年左右达到峰值，峰值产量约为 6.4×10^4 吨；当 URR 为 5.50×10^6 吨时，中国锂峰值产量约 8.8×10^4 吨，达峰时间在 2078 年左右；在 URR 为 8.402×10^6 吨的情景下，中国锂产量在 2085 年左右达到约 13×10^4 吨的峰值。三种情景下产量模型的 R^2 和调整后的 R^2 均超过 97%，表现了经典哈伯特模型能够有效拟合中国锂产量轨迹。

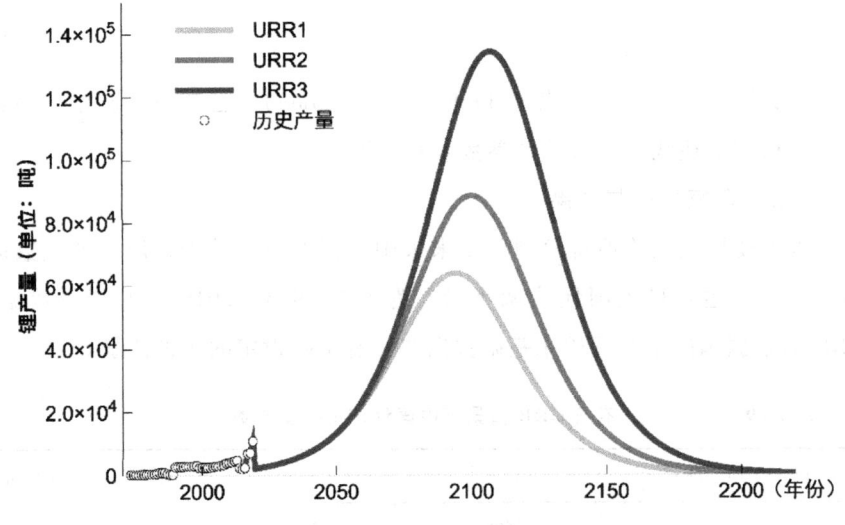

图 3-8 不同最终可采储量情景下中国锂产量

数据来源：根据作者计算结果绘制

第三节 中国锂资源需求判断——新能源汽车发展视角

一、中国锂资源需求特征

1978 年以前，中国锂资源主要用于核武器研发，锂资源利用程度有限，需求小。20 世纪 80 年代以来，随着民用领域锂应用技术的成熟，在玻璃、陶瓷、电池等下游应用领域需求增长的驱动下，国内锂消费稳步增长。随着锂电池研发生产技术的不断成熟，锂电池下游应用场景扩大，锂电池领域的锂消费成为中国锂消费增加的动力。与传统电池相比，锂电池具有能量密度高、工作电压高、重量轻、体积小、自放电小、无记忆效应、循环寿命长、充电快速等优势，且由于不含铅锌等重金属，是无污染、不含毒性材料，因此被广泛应用于 3C 产品以及新能源汽车、储能领域。根据下游应用领域的性质，锂电池可细分为消费型锂电池、动力型锂电池及储能型锂电池。消费型锂电池主要应用于 3C 产品，包括智能手机、笔记本电脑、数码相机等。动力型锂电池主要应用于汽车，如电动自行车、平衡车、电动汽车等。储能型锂电池主要应用于储能电站，目前尚未实现商业化应用。2007 年以来，随着 3C 产品的普及，消费型锂电池取代传统陶瓷、玻璃、催化剂等领域，成为主要的锂消费领域和锂矿石行业最大驱动力[253]。2010 年，国务院发布《国务院关于加快培育和发展战略性新兴产业的决定》（国发〔2010〕32 号），将新能源汽车产业作为七大战略性新兴产业之一。此后新能源汽车产业相关支持政策不断出台，推动新能源汽车产业蓬勃发展[27]。2012 年以来，伴随中国新能源汽车蓬勃发展，动力型锂电池需求量快速增长，成为锂矿石需求最大的市场。根据可查的中国锂消费数据，2007 年国内锂消费 4286.4 吨[7]，到 2018 年消费量增长到 31396 吨[253]，年均增长超过 18%，如图 3-9 所示。

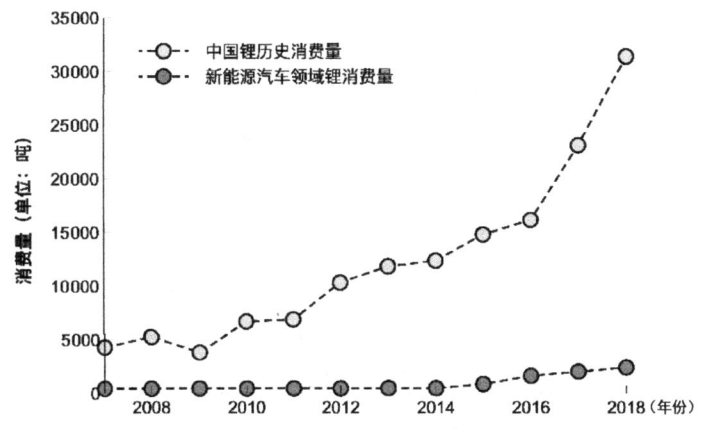

图 3-9　中国锂历史消费量

数据来源：根据已有文献[7, 247, 253]绘制

进一步分析中国锂消费结构的变化，如图 3-10 所示。按下游终端消费领域分类，中国锂消费主要集中在电池、空调应用、润滑脂、玻璃和陶瓷等领域。2007 年，中国锂消费主要集中在润滑脂领域，该领域消费量占国内锂消费总量的 35%[247]，此时锂电池仅占总消费量的 12%，不到润滑脂领域锂消费占比的一半。到 2013 年锂电池消费已经成为最大的锂终端应用领域，占国内锂消费总量的 43%[247]，超过空调应用、润滑脂、玻璃和

陶瓷领域消费量的总和。到 2017 年，国内锂电池领域在锂资源消费中的比重达到 67%[247]，由此可以推测，未来随着新能源汽车的发展，锂电池领域的锂消费将在下游锂消费领域占主导地位。

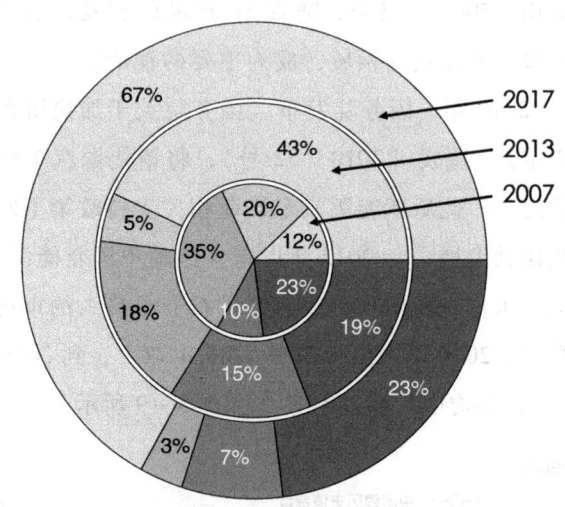

图 3-10　中国锂资源下游消费结构变化

数据来源：根据已有文献[247,253]绘制

由于缺少锂电池细分应用领域的年际消费数据，此处借鉴 Hao 等[92]对 2015 年中国锂物质流的研究，进一步测算锂电池不同应用场景的消费量。Hao 等[92]的研究结果显示，2015 年中国锂电池领域锂消费量为 6486 吨，其中消费电池领域用锂占锂电池领域锂消费总量的 68%，新能源汽车占比为 28%，储能系统占 3%，由此可以推算 2015 年新能源汽车领域锂消费量约为 1816 吨。此外 Hao 等[92]估计，当中国电动汽车销量在 2020 年、2025 年和 2030 年分别达到 200 万辆、500 万辆和 1500 万辆时，电动汽车领域的锂需求量将会分别达到 2015 年锂消费水平的 3 倍、5 倍和 15 倍。

二、中国新能源汽车发展的锂需求预测

（一）研究方法与数据

本书使用 Baars 等[254]估算未来钴需求的方法，计算中国新能源汽车发

展情景下的锂需求,如公式(3.20)所示:

$$D(t) = \sum_n BC_{n,i,j}(t) \times MI_{n,j} \tag{3.20}$$

其中,$D(t)$ 表示未来 t 时刻新能源汽车发展的锂需求量;$BC_{n,i,j}$ 代表新能源汽车细分车型 n 的电池容量,i(单位为 kWh)和 j(单位为 kWh/kg)分别为新能源汽车细分车型 n 装载的电池尺寸和能量密度;$MI_{n,j}$(单位为 kg/kWh)为影响新能源汽车细分车型 n 装载电池能量密度 j 的锂材料强度。

1. 中国汽车销量判断。在使用公式(3.20)预测未来锂需求前,首先需要对汽车销量进行预测。《节能与新能源汽车技术路线图2.0》[255]预测到2025年、2030年和2035年中国汽车年销量分别达到3200万辆、3800万辆和4000万辆。已有研究[80, 256-258]显示,汽车销量增长与GDP增速以及GDP的销量弹性有关,GDP的销量弹性已被证实随着汽车保有量增加而下降[80, 256]。参考Hao等[256],8种保有量范围对应的GDP的销量弹性水平,如表3-10所示。未来随着中国千人汽车保有量的增长,汽车销量将会在逐渐达峰后下降。此处借鉴Sun等[80]的研究,将2025年、2030年、2035年和2050年中国汽车年销售量设定为3200万辆、3300万辆、3200万辆和2700万辆。

表3-10　　汽车保有量与汽车销量的GDP弹性的关系

汽车保有量(辆/千人)	汽车销量的GDP弹性
0~50	4
51~100	2
101~150	1
151~200	0.5
201~250	0.25
251~300	0.125
301~400	0.05
>400	0

数据来源:Hao 等[256]

2. 中国新能源汽车市场份额判断。不同于德国、美国和日本以非插电混合动力汽车为主的新能源汽车发展战略,中国新能源汽车发展坚持"纯电驱动",重点发展纯电动汽车(BEV)、插电式(含增程式)混合动力汽车(PHEV)和燃料电池汽车[259]。与电动汽车相比,燃料电池汽车目前仍处于示范导入期[255],尚未实现商业化推广应用。根据《节能与新能源汽车技术路线图2.0》预测,到2025年中国氢燃料电池汽车保有量为10万辆,仅占国内汽车保有量的0.025%,到2035年也仅有0.2%,市场份额较小,因此未来新能源汽车发展仍以BEV和PHEV为主。按照《节能与新能源汽车技术路线图2.0》预测,到2025年BEV和PHEV的销量占汽车总销量的15%~25%,到2030年达到30%~40%,2035年达到50%~60%;其中,2025年BEV占新能源汽车销量的90%以上,2030年达到93%,2035年达到95%以上。因此,本书设定了新能源汽车发展的积极情景和一般情景,如表3-11所示。积极情景下新能源汽车占汽车总产量的比在2025年、2030年、2035年和2050年分别为25%、40%、60%和90%;保守情景下,新能源汽车份额依次为15%、30%、50%和70%。此外,设定2020年、2025年、2030年、2035年及以后年份BEV在新能源汽车的市场份额分别为85%、90%、93%和95%。

表3-11 保守情景和乐观情景下中国新能源汽车销量

	主要参数	2025年	2030年	2035年	2050年
	中国汽车总销量(万辆)	3200	3300	3200	2700
	BEV占NEV的比	90%	93%	95%	100%
1. 乐观情景	BEV+PHEV占汽车总销量的比	25%	40%	60%	90%
	BEV+PHEV销量(万辆)	800	1320	1920	2430
	BEV销量(万辆)	720	1228	1824	2430
	乘用车(万辆)	648	1105	1642	2187
	PHEV销量(万辆)	80	92	96	0
	乘用车(万辆)	72	83	86	0
2. 保守情景	BEV+PHEV占汽车总销量的比	15%	30%	50%	70%
	BEV+PHEV销量(万辆)	480	990	1600	1890
	BEV销量(万辆)	432	921	1520	1890
	乘用车(万辆)	389	829	1368	1701
	PHEV销量(万辆)	48	69	80	0
	乘用车(万辆)	43	62	72	0

3. 新能源汽车分车型销量判断。中国新能源汽车应用场景呈现乘用车为主、商用车为辅的特征,乘用车与商用车销售比约在8∶2左右。限于数据的可得性,本书在判断未来新能源汽车细分车型销量时,仅考虑了乘用车细分市场的发展。按照乘用车分类方法,当前市场车型可分为A00级轿车、A0级轿车、A级轿车、B级轿车、C级轿车、A0级SUV,A级SUV和B级SUV。纯电动和插电混动乘用车自2016年起市场占比趋于稳定,一直维持在8∶2左右[260]。本书假设未来新能源乘用车细分车型市场份额不变,均以2020年记,如表3-12所示。结合未来中国汽车总销量、新能源汽车市场渗透率和细分车型市场份额的判断,可以预测未来新能源乘用车细分车型的年销售量。

表3-12　　　　　　　新能源乘用车细分车型市场份额

细分车型	在BEV市场的份额	细分车型	在PHEV市场的份额
A00级轿车	32%	A级轿车	15%
A0级轿车	6%	B级轿车	11%
A级轿车	19%	C级轿车	21%
B级轿车	23%	A级SUV	20%
C级轿车	3%	B级SUV	13%
A0级SUV	2%	C级SUV	16%
A级SUV	8%	A级MPV	2%
B级SUV	6%	—	—

数据来源:作者根据乘联会2020年数据设定,并假设未来各细分车型市场份额不变

4. 新能源乘用车细分车型装配电池容量判断。本书首先结合工信部2020年发布的13个批次的《新能源汽车推广应用推荐车型目录》,全面梳理当前中国新能源汽车电池装配情况及电池能量密度。为了促进新能源汽车市场的发展,工信部从2017年开始发布《新能源汽车推广应用推荐车型目录》(以下简称《目录》),涵盖车型基本参数及电池等指标信息,因此可以体现中国新能源汽车及其配套电池技术的最新发展现状。工信部2020年发布的13批新能源汽车推广目录涉及两项产品技术要求,其中,前五批需满足2019年产品技术要求(财建[2019]138号),第六批至第

十三批需满足 2020 年产品技术（财建〔2020〕86 号）要求，共有 3451 辆汽车符合上述两项要求，其中，纯电动乘用车和插电式混合动力乘用车共计 1049 辆。

表 3 – 13　　未来纯电动乘用车细分车型电池属性

车型	能量密度（kWh/kg）		电池容量（kWh）		电池大小
	2020 年	2050 年	2020 年	2050 年	（kg）
A00 级轿车	0.125	0.235	22	40.89	174
A0 级轿车	0.134	0.235	39	69.09	294
A 级轿车	0.154	0.235	48	72.85	310
B 级轿车	0.156	0.235	68	102.93	438
C 级轿车	0.16	0.235	91	133.01	566
A0 级 SUV	0.142	0.235	70	115.15	490
A 级 SUV	0.152	0.235	85	132.07	562
B 级 SUV	0.146	0.235	72	115.62	492

《目录》涉及的 1049 辆纯电动或插电式混合动力乘用车可进一步细分为轿车和 SUV/MPV 两种车型，前者平均电池能量密度为 0.154 kWh/kg（范围为 0.125 kWh/kg ~ 0.41 kWh/kg），后者平均电池能量密度为 0.156 kWh/kg（范围为 0.125 kWh/kg ~ 0.194 kWh/kg）。由于缺少细分车型的数据，借鉴 Baars 等[242]的研究①，基于美国能源部[261]对电池组能量密度展望，并假设电池大小和百公里电耗不变，确定未来各类 BEV 细分车型的电池参数，如表 3 – 13 所示。由于 PHEV 电池容量变化较小，且 PHEV 不用关注续航里程，此处借鉴国际能源署（IEA）[262]，预计未来 PHEV 电池容量为 15kWh。

5. 电池装配比例与材料强度研判。《目录》中 1049 辆乘用车分别搭载磷酸铁锂（LFP）、镍钴锰（NCM）、镍钴铝（NCA）、三元、锂离子电池，能量型电池和锰酸锂（LMO）电池。

图 3 – 11 显示了按主要化学成分区分的 5 类锂电池在功率密度、能量

---

① Baars 等（2020）使用的汽车分类标准来自国际洁净运输理事会（ICCT），与乘联会使用的德系车细分标准一致。

密度、安全性、寿命和成本5个关键参数上的相对性能。NCA和NCM在能量密度方面得分最高，且NCA在功率密度、寿命和低成本方面也排名较高。尽管成本比NCA高，但NCM在所有参数中均表现出最佳的性能平衡，在功率密度，寿命和安全性方面具有较高的价值。LFP在安全性和寿命方面得分最高。广义地说，NCA和NCM电池通常用于远程电动汽车，而LFP电池用于需要更频繁充电的短距离电动汽车。

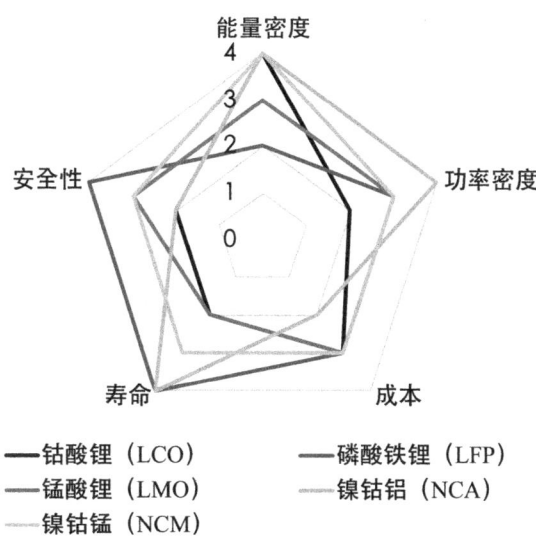

图3-11 不同种类锂电池性质对比

数据来源：根据Peter等[263]的研究结果绘制

在纯电动乘用车细分车型中，纯电动轿车三元电池比例最高，2020年达到产品技术标准的586辆汽车中有60%的车型均搭载三元电池；其次为磷酸铁锂电池和镍钴锰酸锂电池，装配比例分别为18%和17%；另有4%的纯电动轿车使用锂离子电池。纯电动SUV/MPV车型装载的电池与纯电动轿车相似，三元电池装配比例最高，达到75%，镍钴锰电池和磷酸铁锂电池分别为11%和10%，锂离子电池为4%。插电式混合动力轿车中，三元电池装配比例为61%，镍钴锰电池达到22%，磷酸铁锂电池占比为9%，剩下7%为锂离子电池。插电式混合动力SUV/MPV车型中，三元电池装配比例为50%，磷酸铁锂电池占33%，锂离子电池占17%（表3-

14)。基于当前新能源乘用车电池发展现状,参考已有文献[80,264]对未来电池技术发展的判断,本书设定了未来新能源汽车锂电池装配比例与材料强度如表3-15所示。

表3-14　2020年《新能源汽车推广目录》乘用车电池类型(辆)

车型	LFP	NCM	NCA	三元	锂离子	能量型	小记
BEV	135	130	2	555	34	1	856
轿车	108	100	2	352	24	0	586
SUV/MPV	27	30	0	203	10	1	271
PHEV	44	19	0	106	24	0	193
轿车	8	19	0	52	6	0	85
SUV/MPV	36	0	0	54	18	0	108
占比(%)	17	14	0	63	6	0	100

表3-15　未来中国锂电池装配比例与材料强度

电池类型	2020年		2030年		2050年	
	装配比例(%)	材料强度(kg/kWh)	装配比例(%)	材料强度(kg/kWh)	装配比例(%)	材料强度(kg/kWh)
NMC 532	25	0.13	20	0.07	10	0.07
NMC 622	25	0.12	20	0.07	10	0.07
NMC 811	20	0.11	20	0.07	10	0.07
NCA	13	0.11	60	0.06	70	0.06
LFP	17	0.08	10	0.05	0	0.05

(二)结果与讨论

本节基于对未来中国新能源汽车发展的判断,预测未来锂需求量,如图3-12所示。保守情景下,到2030年中国新能源汽车消费的锂资源为2.02×10^4吨,是2018年新能源汽车锂消费量的5倍,到2050年新能源汽车消费的锂资源达到8.9×10^4吨,是2018年新能源汽车锂消费量的22倍。积极情景下,随着新能源汽车的快速发展,2030年新能源汽车领域消费的锂资源量达到5.5×10^4吨,到2050年,新能源汽车领域锂资源消费量达到13.7×10^4吨。而根据3.2节对未来中国锂产量的估计,到2030年和2050

年国内锂产量区间分别为 $(1.38 \sim 1.41) \times 10^4$ 吨和 $(4 \sim 4.54) \times 10^4$ 吨,仅新能源汽车领域发展需要的锂资源量就远超国内锂产量,可以预见未来中国锂供需缺口在新能源汽车市场稳步发展预期下稳步扩大,给中国锂产业链安全造成巨大威胁。

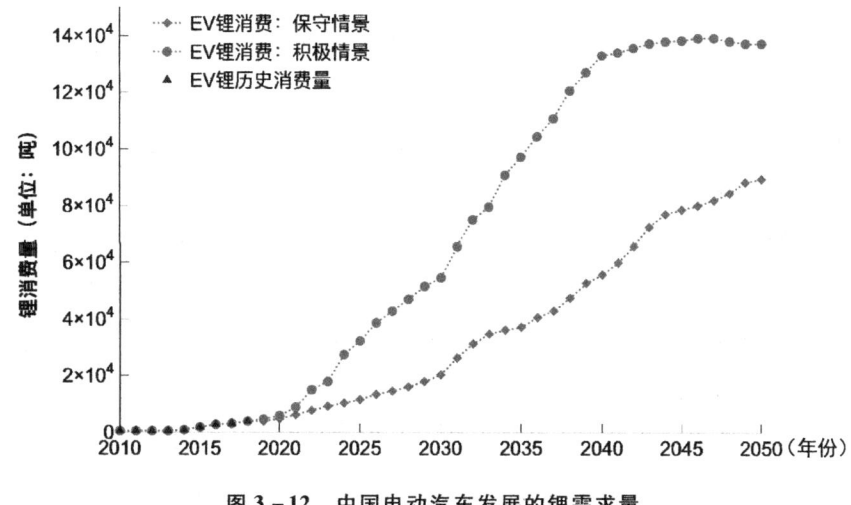

图 3-12 中国电动汽车发展的锂需求量

文章比较了本书计算得出的中国新能源汽车领域锂资源需求量与已有文献计算或使用的结果,如表 3-16 所示。由于对未来中国汽车市场的发展,未来电动汽车市场份额以及车载电池性能的判断存在差异,现有文献对中国电动汽车领域锂需求量的预测结果差异较大。由于本书对中国汽车市场的判断基于 Sun 等[80]的研究结果,因此本书对中国长期内锂需求预测的结果与 Sun 等[80]文章中的低情景和中情景结果差异不大。中长期内(2025 年和 2030 年)本书设定的情景预测的结果位于现有预测结果所处区间内[12, 84, 98, 265],表明本书提供的预测方法具有一定的稳健性。

表 3-16　现有文献对中国未来电池领域锂消费量的判断　　(单位:10^4 吨)

年份	[98]	[84]	[97]	[12]	[265]	[80]	本书结果
2025	4.25	2.1	—	—	3.74		1.15 ~ 3.23
2030	7.50	—	14.14	2.58 ~ 7.23	10.94	—	2.02 ~ 5.46
2050						8.9 ~ 18.8	8.94 ~ 13.73

第四节 本章小结

本章在梳理全球锂储量、生产、消费与产业链环节的基础上，采用社会网络分析方法对全球锂全产业链贸易现状进行了分析，结果显示全球锂贸易集中性特征明显，且锂需求市场的贸易能力与影响力强劲，全球锂贸易格局的演化随着新技术催生的锂需求正在发生由锂生产国主导向锂需求国主导的重要变化，未来锂需求国在全球全产业链锂贸易中的影响将会增强。中国是全球锂经济可采储量第四大国，但锂盐产量不高，依赖从智利和澳大利亚进口的初级锂资源成为全球最大的锂中间品和最终产品制造大国，同时也是全球最大的含锂产品消费国；当前中国在全球全产业链锂贸易中的贸易能力良好、多元化特征明显，但贸易影响力不足。

在此基础上，从中国锂资源供给和需求现状出发，充分借鉴已有研究成果，采用哈伯特模型预测了不同最终可采储量下中国锂产量；并基于对未来中国新能源乘用车市场的判断对未来纯电驱动政策驱动的中国新能源汽车领域锂需求量进行了测算。结果显示，按照历史开采速率估计，中国锂产量将在 2070~2090 年达峰，且在 2050 年前不同最终可采储量情景下国内锂产量差别较小，预计 2030 年产量在 1.4×10^4 吨左右，到 2050 年产量增长至 4×10^4 吨左右。中国新能源汽车发展将会极大促进中国锂需求，到 2030 年仅新能源汽车领域消费的锂资源量预计达到 $2~5 \times 10^4$ 吨，到 2050 年增长至 $9~14 \times 10^4$ 吨。通过对未来中国锂供应和新能源汽车发展情景的锂需求的判断可知，仅依赖国内锂供应无法满足中国锂需求，未来中国锂产业链安全形势严峻。

第四章 中国锂产业链现状分析与安全评价

美国在2018年发布的关键矿产资源清单和《确保安全和可靠地供应关键矿物质的联邦战略》的报告中表明，关键矿产供应安全取决于中国等少数国家。美国政府已采取措施，例如推进关键矿产产业链的转型，加强与盟国的合作，减少对国内发展的限制，促进关键矿产安全。欧盟委员会实施了"Horizon 2020"项目，并发布了"欧盟原材料2050年愿景与技术与创新路线图"，以确保可靠地获取此类原材料。美国和欧盟确保关键矿产或原材料供应安全的方法可概括如下：一方面，它们通过回收和再利用提高内部资源供应的可持续性；另一方面，他们积极地在全球范围内扩展原材料资源来源。美国和欧盟发布的关键矿物（原材料）清单都表明它们的关键矿产资源与中国具有竞争关系[266]，增加了中国获取海外资源的外部风险。如何确保锂产业链安全是中国必须面对的一个重大现实问题。本章基于总体国家安全观的锂产业链安全分析框架，采用事后评价的方法测度中国锂产业链安全水平。

第一节 中国锂产业链现状分析

上一章分别从供给和需求两个视角剖析了中国锂产业链现状并研判了未来供求形势。此处分别产业链上游、中游和下游简要总结当前中国锂产业链发展现状。

一、上游产业发展现状

锂上游产业主要是卤水锂和矿石锂资源开采和提纯。中国拥有 5.1×10^6 吨锂资源，占世界总量的 5.9%，是世界第六大锂资源国，其中经济可采储量约为 1.5×10^6 吨[14]。中国超过 70% 的锂资源分布在卤水矿床中[7]，主要分布在青海（占全国卤水锂资源总量的 58%，下同）和西藏（33%），剩余 15% 为矿石锂资源，主要分布在四川（占全国矿石锂资源总量的 58%）和江西（33%）[267]。

目前，中国国内的主要锂资源公司有：赣锋锂业有限公司（下文简称"赣锋锂业"，下同），天齐锂业有限公司（简称为"天齐锂业"），宁德时代新能源科技股份有限公司（简称为"宁德时代"），中矿资源集团有限公司（简称为"中矿资源"），西藏矿业发展股份有限公司（简称为"西藏矿业"），西藏城市发展投资有限公司（简称为"西藏城投"）。表 4-1 列出了中国主要的锂矿项目及其控股公司。表中显示中国的锂矿开采主要集中在青藏高原的盐湖上[223]，并由中国公司控制，外国投资尚未获得在中国开发锂矿的权利。

表 4-1　　中国国内主要锂矿山及其控股公司

控股企业	矿区名称	取得年份	权益份额	地点	资源类别	储量*	等级**	当前状态
赣锋锂业	宁都河源	2016	100%	江西	锂辉石	10(1)	0.0103	投产
赣锋锂业	青海茫崖市	2019	70%	青海	卤水	—(2)	—(2)	探矿权
盛和资源(4)	措拉	2008	100%	四川	锂辉石	63	0.013	采矿权
西藏矿业，天齐锂业	扎布耶盐湖	2004	100%	西藏	卤水	183(5)	0.42 - 1.61(5)	采矿权
国安矿业	西台吉乃尔盐湖	2017	100%	青海	硫酸镁亚型	268	0.22%	采矿权
青海东台吉乃尔锂资源有限公司	东台吉乃尔盐湖		100%	青海	高镁锂比	60	0.6%	采矿权

续表

控股企业	矿区名称	取得年份	权益份额	地点	资源类别	储量*	等级**	当前状态
蓝科锂业	察尔汗盐湖	2007	100%	青海	卤水	700	0.01%	采矿权
青海柴达木兴华锂盐有限公司[6]	大柴旦盐湖	2017	100%	青海	卤水	—[3]	—[3]	投产
五矿盐湖有限责任公司	一里坪盐湖	2009	100%	青海	卤水	—[3]	—[3]	投产

注:"*"为 10^4 吨碳酸锂。"**"为平均等级 (Mg/l)。[1] 根据中国国家标准测量。[2] 获得探矿权,尚未进行勘探,也没有锂资源储量数据。[3] 未公开的资源和等级数据。[4] 盛和锂业是天齐锂业的全资子公司。措拉锂辉石矿的采矿权尚未投产。[5] 数据来源:乜贞等[268]。[6] 资料来自青海省人民政府[269]。

此外,根据上市公司年报,中国企业积极"走出去",通过收购国外优质矿区股权等形式布局锂资源海外市场,目前已在澳大利亚、阿根廷、智利等全球主要锂生产国掌握了一定的资源权益,如表 4-2 所示。

表 4-2 中国企业海外锂权益

中国企业	海外矿山/公司	获得日期	权益份额	国家	锂资源量[1]	等级[5]
赣锋锂业	Mount Marion	2015	43.1%	澳大利亚	270[2]	0.0127
	Pilgangoora	2017	4.3%	澳大利亚	708[2]	0.0127
	Mariana	2014	82.75%	阿根廷	190[3]	306
	Cauchari-Olaroz	2017	3.75%	阿根廷	1180[3]	585
	Avalonia	2012	55%	爱尔兰	—[4]	—[4]
天齐锂业	Greenbushes	2014	51%	澳大利亚	878	0.021
	Atacama Salt Lake	2018	25.87%	智利	220	—[4]
	Atacama Salt Lake	2016	2.1%			
宁德时代	North American Lithium	2018	48.44%	加拿大	23	—[4]
中矿资源	Prospect Resources Limited (PSC)	2018	8.41%	津巴布韦	1883	0.0131

注:[1] 单位为 10^4 吨碳酸锂。[2] 根据澳大利亚 JORC 标准测量。[3] 根据加拿大 CIM (NI43-101) 标准测量。[4] 无数据 [5] 为氧化锂平均等级,单位为 mg/L。

总体来看，目前国内锂资源查明率仅为25%[7]，上游锂产业提锂技术基本实现产业化，但由于国内盐湖卤水锂镁比较高，矿石品位较低，且资源分布集中在中西部生态脆弱区，基础设施条件差等原因，国内锂产量不高，锂矿石主要依赖进口，原矿对外依存度达到76%，其中卤水锂矿石主要来源于智利，锂矿石进口来源地则为澳大利亚[90]。2021年以来，受国际关系紧张影响，以此为契机，青海和江西相继提出盐湖提锂和锂云母产业基地规划。在提锂与沉锂工艺的突破下，国内碳酸锂生产成本下降，产品质量稳定。

二、中游产业发展现状

国内锂中游产业包括以工业级碳酸锂为基础原材料的各项锂基础产品（图4-1），产品同质化严重，且由于技术门槛低相关企业竞争激烈。受生产工艺的制约，技术含量较高的电池级碳酸锂、高纯碳酸锂等还需从国外大量进口。中国从澳大利亚进口的锂精矿是全球锂中游产业中第二大贸易流，仅次于智利与韩国间的碳酸锂出口贸易。目前，中国已经成为全球最大的锂化学品生产国，2020年，国内碳酸锂产能和氢氧化锂产能约 50.69×10^4 吨碳酸锂，约占全球的65%①。但由于目前中国仅占有资源加工环节，相关原材料集中在全球锂巨头手中，下游应用技术与日韩相比不具备优势，因此并不享有竞争优势。此外，国内中游产业发展面临产能过剩与产能利用率不足的问题。

三、下游产业发展现状

中国已经成为全球最大的锂消费国，随着节能与新能源汽车产业发展实现从政策扶持到市场需求导向的转变，中国电动汽车领域的锂需求将呈现爆发式增长。

---

① 信达证券. 锂云母提锂战略地位提升 [EB/OL]. (2021-06-08) [2021-08-31]. https：//pdf.dfcfw.com/pdf/H3_AP202106091496972354_1.pdf? 1623269422000.pdf.

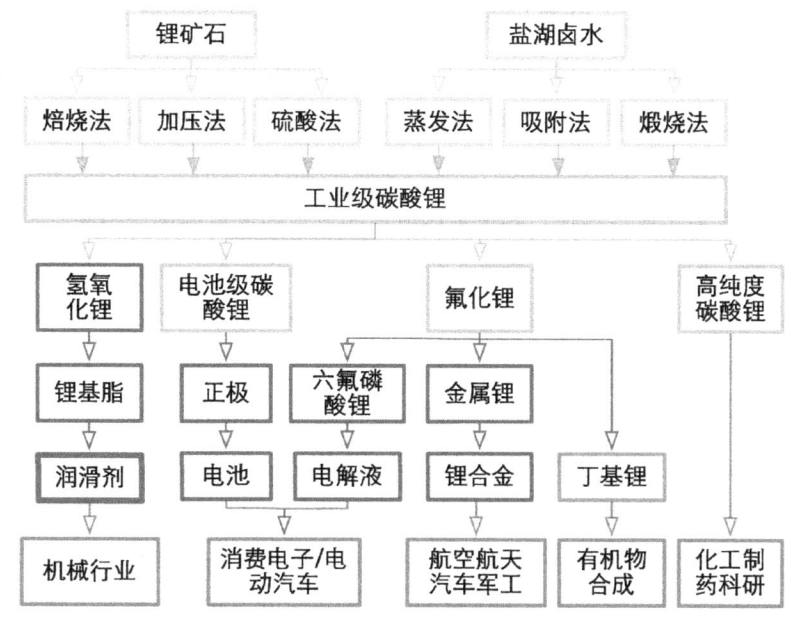

图 4-1　中国锂产业链概化图

资料来源：根据已有研究[270]绘制

第二节　中国锂产业链安全评价指标识别

Achzet 和 Heilbi[38]分析了 15 篇关键矿产的代表性文献，将关键矿产供给风险评价的一般步骤总结为三步：第一步进行指标选择，为每一项风险寻找特定的量化指标；第二步是使用加权平均方法计算供应风险；第三步，将这些风险值以线性或矩阵的形式汇总成相应的目标值，完成风险值测算。本书借鉴类似的思路进行总体国家安全观下中国锂产业链安全评价指标体系的构建和测算。

基于总体国家安全观下锂产业链安全分析框架，本书首先构建了由 3 个子目标，7 个维度和 20 个指标组成的锂产业链安全评价指标体系，如表 4-3 所示。全球资源供应稳定性（GSI）子目标旨在评估锂资源全球储备，资源生产国的稳定性以及与锂产业链安全相关的地缘政治环境的综合影响。采用全球探明锂储量剩余可采年限衡量全球锂资源供应潜力。资源生产国的稳定性维度使用资源国社会发展水平、矿业政策成熟度和环境治理水平三个指标量化。地缘政治维度下设全球治理能力指标、国际供应集中度指标和全球产需平衡度指标,其中全球治理能力指标是资源国参与全球治理能力的体现,国际供应集中度测度了全球锂供应来源的集中程度,全球产需平衡度指标反映了全球锂资源供求能力的变化。国内资源经济安全性(DSI)子目标从国内供应稳定,需求变化和市场脆弱三个维度测度了锂在支持国民经济可持续发展中的作用。国内供应稳定维度下设国内供应潜力、国内储量占世界的比重、国内产量占世界的比重、可替代性和可回收性5个指标。需求变化维度则依赖表观消费量增长率指标量化。市场脆弱性维度从国内供需平衡度、价格波动性、对外依存度和进口集中度4个指标衡量。优态共存性(CEI)子目标指示了国内外锂市场的整合程度,并采用国内市场开放度、海外市场开发度和国际原料转化度3个指标具体量化。国内市场开放度指标与海外市场开发度指标分别从"引进来"和"走出去"两个视角出发,衡量外资企业在国内的资源权益和国内企业在海外的资源权益。Daw[178]构造的国际原材料转化指标能从产业链上下游的视角考虑一国从上游原材料到下游产品贸易中的国际影响力,因此本书选择该指标作为优态共存目标的体现。

表4-3　　　　　　　　中国锂产业链安全评价指标体系

子目标	维度	指标	指标编码	指标方向*	指标定义	参考文献
全球资源供应稳定性(GSI)	资源禀赋	全球资源供应潜力	GSI1	+	全球探明储量可采年限	[53, 152, 239, 240, 271]
	资源国稳定性	社会发展水平	GSI2	+	资源国社会经济发展程度	[272, 273]
		矿业政策成熟度	GSI3	+	资源国现行法规、环境规制和税收管理等制度对矿业投资的吸引力	[31]
		环境治理水平	GSI4	+	资源国的环境治理通过国际贸易对国际矿产资源稳定供应的影响	[31]

续表

子目标	维度	指标	指标编码	指标方向*	指标定义	参考文献
全球资源供应稳定性（GSI）	地缘政治	全球治理能力	GSI5	+	资源国参与全球治理的能力	[31, 35, 40]
		国际供应集中度	GSI6	−	全球资源供应来源的多样性	[31, 35, 40]
		全球产需平衡度	GSI7	+	全球资源供给能力和需求能力的相对变化	[152, 239, 240, 274]
国内资源经济安全性（DSI）	供应稳定性	国内供给潜力	DSI1	+	国内探明储量可采年限	[53, 152, 239, 240, 271]
		国内储量占世界的比重	DSI2	+	国内资源禀赋在全球的相对地位	[53, 152, 239, 240, 271]
		国内产量占世界的比重	DSI3	+	国内供应能力在全球的相对地位	[53, 152, 239, 240, 271]
		可替代性	DSI4	+	使用其他资源替代锂资源且能实现经济、平稳生产的能力	[31]
		可回收性	DSI5	+	锂废料回收率	[30, 31]
	需求变化	表观消费量增长率	DSI6	−	国内需求增长情况	[152, 239, 240, 274]
		国内供需平衡度	DSI7	+	国内生产满足需求的能力	[152, 239, 274]
	市场脆弱	价格波动性	DSI8	−	国内资源价格同比变化	[275]
		对外依存度	DSE9	−	净进口量占表观消费量的比	[53, 153, 239, 240, 271]
		进口集中度	DSI10	−	进口来源多样性	[31, 35, 40]
优态共存性（CEI）		国内市场开放度	CEI1	+	外资企业在国内的资源权益	[140]
		海外市场开发度	CEI2	+	国内企业取得的海外资源权益	[140]
		国际原料转化度	CEI3	+	一国在国际贸易中将锂原材料转化为高附加值下游产品的能力	[228]

注："*"是每个指标的理论演变与锂产业链安全性之间的联系。符号"+"表示指标的变化方向与锂产业链安全的变化方向一致。它的值越高，说明安全性越好。而"−"代表指标值的变化方向与安全的变化方向相反。

第三节 指标量化与数据来源

本节描述了每项指标的量化方法和数据来源。考虑到数据的可得性，中国锂产业链安全评价的研究期为 2010~2019 年。

一、全球资源供应潜力（GSI1）

选择储采比衡量资源供应潜力。储采比越高，反映了较高的供给保障程度，供给安全程度相应就越高。该指标为正向指标。全球锂储量数据来自美国地质调查局[14]。由于美国地质调查局没有披露美国锂资源产量数据，本书使用的美国锂产量数据 2015 年以前来自 Daw[178]，2015~2019 年数据来自 BP[276]，其他国家产量数据来自美国地质调查局[14]。历年每个国家的锂产量加总得到全球锂产量数据。全球锂产量、储量与全球资源供应潜力指标原始数据，如表 4-4 所示。

表 4-4　　　　　　　全球锂产量和储量

国家	2010年	2011年	2012年	2013年	2014年	2015年	2016年	2017年	2018年	2019年
美国	640	470	600	870	1200	900	900	900	900	900
阿根廷	2950	2950	2700	2500	3200	3600	5800	5700	6400	6300
澳大利亚	9260	12500	12800	12700	13300	14100	14000	40000	58800	45000
巴西	160	320	150	400	160	200	200	200	300	2400
智利	10510	12900	13200	11200	11500	10500	14300	14200	17000	19300
中国	3950	4140	4500	4700	2300	2000	2300	6800	7100	10800
葡萄牙	800	820	560	570	300	200	400	800	800	900
纳米比亚	0	0	0	0	0	0	0	0	500	0
津巴布韦	470	470	1060	1000	900	900	1000	800	1600	1200
加拿大	0	0	0	0	0	0	0	0	2400	200
世界产量	28740	34570	35570	33940	32860	32400	38900	69400	95800	87000

续表

国家	2010年	2011年	2012年	2013年	2014年	2015年	2016年	2017年	2018年	2019年
世界储量[(1)]	1300	1300	1300	1350	1400	1400	1600	1400	1700	2100
GIS1	452.33	376.05	365.48	397.76	426.05	432.10	411.31	201.73	177.45	241.38

注：[(1)] 单位为 10^4 吨，其他产量单位为吨，数据来源：作者根据已有数据源[14, 178, 276]整理得到。

二、社会发展水平（GSI2）

即锂生产国的社会经济发展对全球锂资源稳定供应的影响。联合国开发计划署发布的人类发展指数（HDI）是衡量各国自1990年以来社会经济发展的公认标准。本书根据初级锂资源生产国在全球锂资源生产中的份额为权重计算社会稳定度（见表4-5），如公式（4.1）所示。

$$GSI2 = \sum_i HDI_i \times \frac{P_i}{P} \qquad (4.1)$$

其中，P_i 和 HDI_i 分别为锂资源国 i 的锂产量和人文发展指数。P 为全球锂产量，历年锂产量数据来源于美国地质调查局，如表4-4所示。

表4-5　　　　锂资源生产国的人文发展指数（HDI）

国家	2010年	2011年	2012年	2013年	2014年	2015年	2016年	2017年	2018年	2019年
美国	0.91	0.91	0.92	0.91	0.92	0.92	0.92	0.92	0.92	0.93
阿根廷	0.82	0.82	0.82	0.82	0.83	0.83	0.83	0.83	0.83	0.85
澳大利亚	0.93	0.93	0.93	0.93	0.93	0.93	0.94	0.94	0.94	0.94
巴西	0.73	0.73	0.73	0.75	0.76	0.76	0.76	0.76	0.76	0.77
智利	0.80	0.81	0.82	0.83	0.83	0.84	0.84	0.85	0.85	0.85
中国	0.70	0.71	0.72	0.73	0.74	0.74	0.75	0.75	0.76	0.76
葡萄牙	0.82	0.83	0.83	0.84	0.84	0.84	0.85	0.85	0.85	0.86
纳米比亚	0.59	0.60	0.61	0.62	0.63	0.64	0.64	0.64	0.64	0.65
津巴布韦	0.47	0.49	0.52	0.53	0.54	0.54	0.55	0.55	0.56	0.57
加拿大	0.90	0.90	0.91	0.91	0.91	0.92	0.92	0.92	0.92	0.93

数据来源：作者根据联合国开发计划署[277]数据计算整理而成

三、矿业政策成熟度（GSI3）

除了地质和经济因素外，锂生产国采取的采矿政策也是影响全球供应的重要因素[278]。本书选择 Fraser Institute[278] 发布的政策感知指数（PPI）来量化全球采矿政策的成熟度（见表 4-6）。指标计算公式如（4.2）所示：

$$GSI3 = \sum PPI_i \times \frac{P_i}{P} \tag{4.2}$$

其中，PPI_i 是锂生产国 i 的政策感知指数。GSI3 值越高表明安全性越好。

表 4-6　　　　　锂生产国矿业政策感知指数（PPI）

国家	2010 年	2011 年	2012 年	2013 年	2014 年	2015 年	2016 年	2017 年	2018 年	2019 年
美国	57.60	66.23	65.83	83.16	79.50	83.18	81.70	79.25	88.42	81.93
阿根廷	32.44	31.28	44.28	50.35	49.66	39.12	52.14	58.08	55.78	58.58
澳大利亚	63.98	69.02	66.08	83.89	80.37	80.25	80.52	73.97	82.98	89.77
巴西	43.20	43.29	38.19	63.65	59.17	56.57	64.97	55.66	64.43	69.75
智利	81.32	75.30	67.67	85.89	83.16	83.50	78.68	80.55	88.61	86.86
中国	30.90	43.08	28.51	52.30	42.73	46.22	59.71	37.46	49.39	43.37
葡萄牙	0.00	0.00	0.00	85.48	91.78	89.56	90.30	87.01	93.50	89.81
纳米比亚	57.90	51.58	63.67	81.52	84.44	80.70	77.77	71.11	80.71	87.22
津巴布韦	22.35	21.77	13.44	17.71	13.68	24.67	18.06	29.54	47.68	26.31
加拿大	72.70	76.10	71.80	85.10	84.70	82.78	86.01	81.26	88.00	79.35

数据来源：作者根据 Fraser Institute[278] 数据计算整理而成

四、环境治理水平（GSI4）

耶鲁大学发布的环境绩效指数（EPI）用于衡量锂生产国的环境治理水平，如公式（4.3）所示。

$$GSI4 = \sum_i EPI_i \times \frac{P_i}{P} \tag{4.3}$$

EPI 是一个正向指标，数值越大表明资源国的环境状况更好，指标原始数据如表 4-7 所示。因此，GSI4 是正向指标。

表 4-7　　　　主要锂资源生产国环境绩效指数 (EPI)

国家	2010年	2011年	2012年	2013年	2014年	2015年	2016年	2017年	2018年	2019年
美国	63.48	57.84	56.59	59.79	67.52	78.32	84.72	80.58	71.19	64.71
阿根廷	61.05	64.30	56.48	48.07	49.55	65.85	79.84	74.98	59.30	46.98
澳大利亚	65.66	52.43	56.61	69.50	82.40	88.34	87.22	81.16	74.12	70.55
巴西	63.41	67.79	60.90	52.66	52.97	66.75	78.90	74.68	60.70	48.89
智利	73.34	57.77	55.34	61.05	69.93	77.04	77.67	69.24	57.49	50.24
中国	49.00	47.13	42.24	39.23	43.00	55.29	65.10	62.03	50.74	39.68
葡萄牙	72.98	58.73	57.64	64.93	75.80	85.40	88.63	82.41	71.91	64.36
纳米比亚	59.28	59.02	50.68	42.75	43.71	57.63	70.84	69.72	58.46	45.73
津巴布韦	47.82	53.93	52.76	49.55	49.54	55.36	59.25	53.81	43.41	35.37
加拿大	55.60	54.96	58.41	64.84	73.14	81.47	85.06	80.44	72.18	66.84

数据来源：偶数年份的 EPI 数据来自 SEDAC 数据库[279]。奇数年份的 EPI 数据为使用三次样条插值法计算得到

五、全球治理能力 (GSI5)

以锂一次资源生产的全球份额为权重，加权世界银行发布的全球治理六个指标，即话语权和责任、政治稳定性和不存在暴力、政府效率、规管质量、法治和腐败控制[280]，构成全球治理指标，如公式 (4.4) 所示。

$$GSI5 = \sum_i \sum_{l=1}^{6} WGI_{i,l} \times \frac{P_i}{P} \tag{4.4}$$

其中，$WGI_{i,n}$ 是锂生产国 i 第 l 个维度的世界治理指数。表 4-8 列出了主要锂生产国的全球治理指数。GSI5 是正向指标。

表4-8　　　　　主要锂生产国全球治理指数（WGI）

国家	2010年	2011年	2012年	2013年	2014年	2015年	2016年	2017年	2018年	2019年
美国	1.25	1.26	1.28	1.23	1.23	1.25	1.25	1.27	1.24	1.13
阿根廷	-0.27	-0.21	-0.32	-0.34	-0.39	-0.31	-0.05	0.01	0.01	-0.10
澳大利亚	1.6	1.62	1.61	1.58	1.61	1.55	1.57	1.54	1.58	1.57
巴西	0.13	0.11	0.06	0	-0.03	-0.13	-0.14	-0.2	-0.24	-0.18
智利	1.22	1.19	1.2	1.19	1.18	1.08	1.01	0.94	1.01	0.95
中国	-0.58	-0.56	-0.56	-0.56	-0.48	-0.46	-0.43	-0.33	-0.31	-0.36
葡萄牙	0.95	0.93	0.95	0.98	0.96	1.06	1.03	1.1	1.07	1.07
纳米比亚	0.31	0.3	0.36	0.37	0.28	0.33	0.34	0.29	0.3	0.29
津巴布韦	-1.56	-1.48	-1.41	-1.36	-1.32	-1.2	-1.22	-1.22	-1.19	-1.20
加拿大	1.61	1.61	1.62	1.61	1.65	1.66	1.68	1.67	1.59	1.58

数据来源：作者根据世界银行[280]数据计算得到

六、国际供应集中度（GSI6）

赫芬达尔—赫希曼指数（Herfindahl – Hirschman）（HHI）用于计算锂的总体供应集中程度，如公式（4.5）所示。GSI6是负向指标。

$$GSI6 = \sum \left(\frac{P_i}{P}\right)^2 \tag{4.5}$$

七、全球产需平衡度（GSI7）

全球锂产量与消费量的比用于表示全球锂供需平衡程度，如表4-9所示。

表4-9　　　　　　　锂资源全球平衡度

指标	2010年	2011年	2012年	2013年	2014年	2015年	2016年	2017年	2018年	2019年
全球产量	28740	34570	35570	33940	32860	32540	39380	70130	95500	87000
全球消费量	24732	24732	26587	28182	31000	49400	36700	39700	49100	56000
GSI7	1.16	1.40	1.34	1.20	1.06	0.66	1.07	1.77	1.95	1.55

数据来源：美国地质调查局[14]。产量和消费量单位为吨

当全球产需比大于 1 时，全球供应过剩；否则，供应不足。全球锂消费量数据来自美国地质调查局[14]。GSI7 是正向指标。

八、国内供给潜力（DSI1）

采用中国锂储产比衡量国内资源供应潜力。比值越高，供应安全度越高，见表 4-10。中国锂资源储量和产量数据来自美国地质调查局[14]。

表 4-10　　　　　　　　中国锂资源供应潜力

	2010 年	2011 年	2012 年	2013 年	2014 年	2015 年	2016 年	2017 年	2018 年	2019 年
中国锂产量	3950	4140	4500	4700	2300	2000	2300	6800	8000	10800
中国锂储量[(1)]	350	350	350	350	320	320	320	100	100	150
中国锂消费量	6730	6918	10340	11844	12370	14796	17371	23444	26959	34930
DSI1	886.08	845.41	777.78	744.68	1391.30	1600.00	1391.30	147.06	125.00	138.89
DSI2	0.27	0.27	0.27	0.26	0.23	0.23	0.20	0.07	0.06	0.07
DSI3	0.14	0.12	0.13	0.14	0.07	0.06	0.06	0.10	0.08	0.12
DSI6	0.76	0.03	0.49	0.15	0.04	0.20	0.17	0.35	0.15	0.30
DSI7	0.59	0.60	0.44	0.40	0.19	0.14	0.13	0.29	0.30	0.31
DSI9	0.41	0.40	0.56	0.60	0.81	0.86	0.87	0.71	0.70	0.69

注：[(1)] 单位为 10^4 吨，其他产量和消费量单位为吨。数据来源于美国地质调查局[14]

九、国内储量占世界的比重（DSI2）

本书使用中国锂储量与全球储量的比来量化该指标。DSI2 是正向指标。

十、国内产量占世界比重（DSI3）

采用中国锂产量与全球产量之比量化该指标。DSI3 是正向指标。

十一、可替代性（DSI4）

Silevers 等[281]将矿产资源的可替代性定义为矿产资源在终端使用部门

被其他资源替代的潜力。锂资源在最终消费环节的可替代性越高,中国锂产业链就越安全。参考 Silevers 等[281],本书采用公式(4.6)定义了替代锂资源的可能性。

$$Substitution = 1 - Difficulty \tag{4.6}$$

其中,$Difficulty$ 表示终端使用阶段替换锂的难度。Silevers 等[281]将矿产资源的替代难度分为 4 个等级:0 表示没有额外的替代成本,无替代难度;0.3 表示替代成本低,难度小;0.7 表示更高的更换成本或更大的性能损失,替代难度较大;1 表示无法完成替换。由于锂的独特特性,锂的替代品很少,几乎所有的锂替代品都会导致产品性能下降。因此,本书将锂的替代难度设定为 0.7,因此锂的可替代性为 0.3。

十二、可回收性(DSI5)

中国大多数废旧锂离子电池都被当作普通废物处理,目前已被回收的锂离子电池也旨在回收钴资源和镍资源[92]。随着锂价格的上涨和中国废物管理的改善,锂的回收率有望提高。本书根据联合国环境署[282]的相关研究对该指标进行量化,假设锂在平均使用寿命终止后的回收率为 1%。DSI5 是正向指标。

十三、表观消费量增长率(DSI6)

2015 年前中国锂资源消费量来源于中国地质调查局[7],2016~2019 年消费量来自公开网站①,如表 4-10 所示。采用公式(4.7)计算中国锂资源表观消费量增长率。

$$DES6 = \frac{(AC_n - AC_{n-1})}{AC_{n-1}} \tag{4.7}$$

---

① 华经情报网. 2019 年全球及中国锂产业市场供需分析,国内企业海外投资锂资源需谨慎[EB/OL]. [2020-12-13/2021-04-26]. https://m.huaon.com/detail/671631.html.

其中，AC 为表观消费量，下标 n 和 $n-1$ 分别表示当年和上一年。该指标为负向指标。

十四、国内供需平衡度（DSI7）

与指标 GSI7 类似，该指标为中国锂产量与国内消费量的比，为正向指标。

十五、价格波动性（DSI8）

尽管锂产业链不同环节涉及众多商品，但碳酸锂是中国生产和消费量最大的锂品种。

此处采用从前瞻数据库①收集得到的上海有色金属市场碳酸锂（Li_2CO_3 99%）现货价格作为中国国内锂现货价格，并统一折算为元/吨表示，如图 4-2 所示。

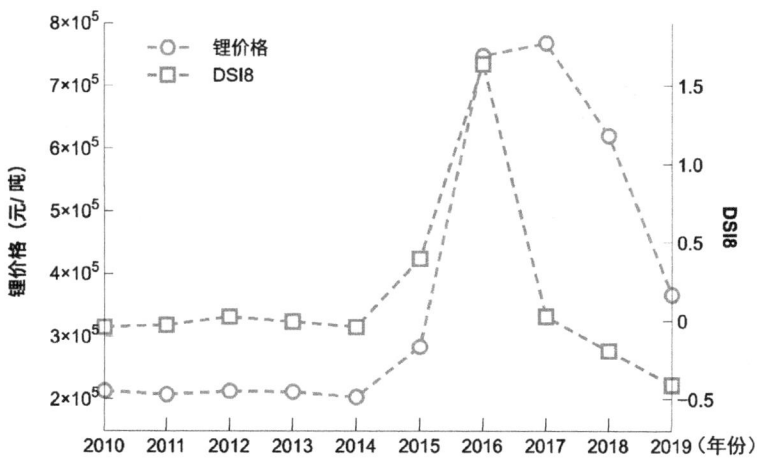

图 4-2 中国锂价格变化②

---

① http://d.qianzhan.com。
② 数据来源：作者根据前瞻数据库的资料整理得到

为了衡量中国国内锂价格的年度变化，本书首先按照碳酸锂现货价格计算年平均价格，再如公式（4.8）所示计算价格波动系数。

$$DES8 = \frac{(p_n - p_{n-1})}{p_{n-1}} \quad (4.8)$$

其中，p_n 是第 n 年国内锂价格。DSI8 是负向指标。

十六、对外依存度（DSI9）

采用每年净进口量与表观消费量之比表示净进口量的依赖性。DSI9 是负向指标。

十七、进口集中度（DSI10）

由于缺乏上游锂矿石和卤水锂进口量数据，本书选择联合国商品贸易数据库中 HS 编码为 282520 和 283691 两种商品的进口集中度作为锂资源进口集中度，使用 HHI 指数进行测量。该指标的计算方法如公式（4.9）所示：

$$DES10 = \sum \left(\frac{Q_{i,q}}{Q_o}\right)^2 \quad (4.9)$$

其中，$Q_{i,q}$ 为中国从第 i 个国家进口的锂资源 q（q 分别为 HS 编码为 282520 和 283691 的两种商品）的数量，Q_o 为中国进口的锂资源 q 的总量。DSI9 是一个负向指标。

十八、国内市场开放度（CEI1）

全球锂化合物和锂金属行业是一个进入壁垒很高的市场，且由少数制造商主导[283]。本书通过整理商务部[284]和国家发展和改革委员会[285-287]发布数版《外商投资指南》里对锂资源的外商投资指导政策，量化中国锂资源对外开放程度。2017 年前发布的数版《外商投资产业指南》将锂资源的开采和加工作为外资限制行业，2017 年后鼓励发展。因此，该指标在 2017

年之前记为 0，在之后记录为 1，以说明更好的锂开放度。

十九、海外市场开发度（CEI2）

为确定中国锂资源海外市场开发度，本书查阅了中国主要上市锂公司的年度报告，并整理了中国企业在海外特定锂矿山中的权益份额（表 4 - 10），以计算自 2010 年以来每一年中国企业在海外的锂资源权益。然后将每一年中国企业在海外的权益加总，并除以全球锂资源储量，以衡量中国在海外市场的锂资源开发度。计算公式如公式（4.10）所示：

$$CEI2 = \frac{\sum S_m \times R_m}{R} \tag{4.10}$$

其中，S_m 为中国企业在国外某矿山 m 开发中的所有权份额，R_m 为该矿山储量，R 为全球锂储量。CEI2 是正向指标。

二十、国际原料转化度（CEI3）

该指标考虑了全球锂资源加工的全生命周期过程，高附加值下游产品的出口可以有效抵御上游原材料的风险。借鉴 Daw[178] 的研究，本书将该指标量化为：

$$CEI3 = \frac{\sum_a X_a - M_a}{\sum_a X_a + M_a}, a = 1,2 \tag{4.11}$$

其中，$a = 1, 2$ 分别代表上游锂产品和下游含锂产品的国际贸易联系。X_a 和 M_a 分别为中国在 a 环节的进口额和出口额。文章涉及的中国进出口锂产品清单见第三章表 3 - 1 所示。根据公式（4.11），CEI3 的范围是 [- 1，1]。CEI3 是正向指标。

由于每个指标的计量单位不一致，因此无法直接比较。此外，对于正向指标，例如 GSI1，GSI2，DSI5 等，指标较高值显示更好的锂产业链安全性；而对于负向指标，如 GSI6，DSI6，DSI8，DSI9，DSI10 等，指标值越小则表明具有更好的锂产业链安全性。为了克服这个问题，本书首先对正向指标和负向指标分别采用公式（4.12）和公式（4.13）对原始指标进行无量纲处理。处理后，所有指标均处于 [0，1] 中。此过程可确保较高的指标值显示了更好的锂产业链安全水平。标准化后所有指标数据，如表 4-11 所示。

$$x'_{ij} = \frac{x_{ij} - min(x_{ij})}{max(x_{ij}) - min(x_{ij})}, 1 \leq i \leq n \qquad (4.12)$$

$$x'_{ij} = \frac{max(x_{ij}) - x_{ij}}{max(x_{ij}) - min(x_{ij})}, 1 \leq i \leq n \qquad (4.13)$$

表 4-11　　标准化后中国锂产业链安全指标值

指标	2010 年	2011 年	2012 年	2013 年	2014 年	2015 年	2016 年	2017 年	2018 年	2019 年
GSI1	1.00	0.72	0.68	0.80	0.90	0.93	0.85	0.09	0.00	0.23
GSI2	0.00	0.21	0.21	0.27	0.51	0.62	0.56	0.91	1.00	0.87
GSI3	0.10	0.22	0.00	0.81	0.74	0.70	0.69	0.57	0.98	1.00
GSI4	0.43	0.04	0.00	0.21	0.62	0.94	1.00	0.83	0.51	0.19
GSI5	0.00	0.28	0.14	0.02	0.45	0.30	0.09	0.63	1.00	0.32
GSI6	1.00	0.84	0.85	0.95	0.77	0.71	0.84	0.19	0.00	0.53
GSI7	0.39	0.57	0.53	0.42	0.31	0.00	0.32	0.86	1.00	0.70
DSI1	0.52	0.49	0.44	0.42	0.86	1.00	0.86	0.01	0.00	0.01
DSI2	1.00	1.00	1.00	0.95	0.81	0.81	0.67	0.06	0.00	0.06
DSI3	0.99	0.77	0.86	1.00	0.15	0.04	0.01	0.49	0.32	0.83
DSI4	0.30	0.30	0.30	0.30	0.30	0.30	0.30	0.30	0.30	0.30
DSI5	0.01	0.01	0.01	0.01	0.01	0.01	0.01	0.01	0.01	0.01
DSI6	0.00	1.00	0.37	0.84	0.98	0.77	0.80	0.56	0.83	0.64
DSI7	0.98	1.00	0.65	0.57	0.12	0.01	0.00	0.34	0.35	0.38
DSI8	0.82	0.81	0.79	0.80	0.82	0.61	0.00	0.79	0.89	1.00
DSI9	0.98	1.00	0.65	0.57	0.12	0.01	0.00	0.34	0.35	0.38
DSI10	0.58	0.10	0.00	0.53	0.88	0.57	0.92	0.99	1.00	0.92
CEI1	0.00	0.00	0.00	0.00	0.00	0.00	0.00	1.00	1.00	1.00
CEI2	0.00	0.00	0.00	0.00	0.50	0.60	0.53	1.00	0.97	0.86
CEI3	0.00	0.11	0.36	0.50	0.58	0.71	0.76	0.78	0.87	1.00

第四节 评价结果与敏感性分析

一、评价结果

为了评估中国锂产业链安全水平,本书首先参考 Song 等[51]设定了基本赋权方案。在这种情况下,锂产业链安全的三个子目标被赋予相同的权重,即 1/3、1/3 和 1/3,以强调三者对中国锂产业链安全的相同重要性。同样,每个子目标中的指标具有相同的权重。因此,中国的锂产业链安全指数(LSI)由公式(4.14)计算:

$$LSI = \frac{GSI + DSI + CEI}{3} \tag{4.14}$$

图 4-3 显示了 2010~2019 年中国锂产业链安全指数以及中国锂产业链安全指数分别在三个子目标的结果。在子目标中观察到的最大改进是优态共存性(CEI)。它从 2010 年的 0.000 稳定增长到 2019 年的 0.952。2010~2013 年,优态共存性的增加是由于指标 CEI3 的增加,表明在此期间中国下游锂产品的出口有所增加。自 2014 年以来,中国企业拥有的海外锂资源投入生产,这增加了中国海外锂资源的权利(指标 CEI2)。2017 年后 CEI 的进一步增长主要是由于中国国内锂市场(CEI1)实施了开放政策。

国内资源经济安全性(DSI)从 2010 年的 0.62 下降到 2016 年的 0.36,然后增加到 2019 年的 0.45。国内资源经济安全性的变化主要受到 DSI3(国内产量占世界的比重),DSI7(国内供需平衡度),DSI9(对外依存度)和 DSI10(进口集中度)指标的影响。在 2016 年之前,DSI3、DSI7、DSI9 和 DSI10 的波动减少导致锂资源国内资源经济安全性的减少。自 2017 年以来,以上四个指标的改善提高了锂资源国内资源经济安全性。

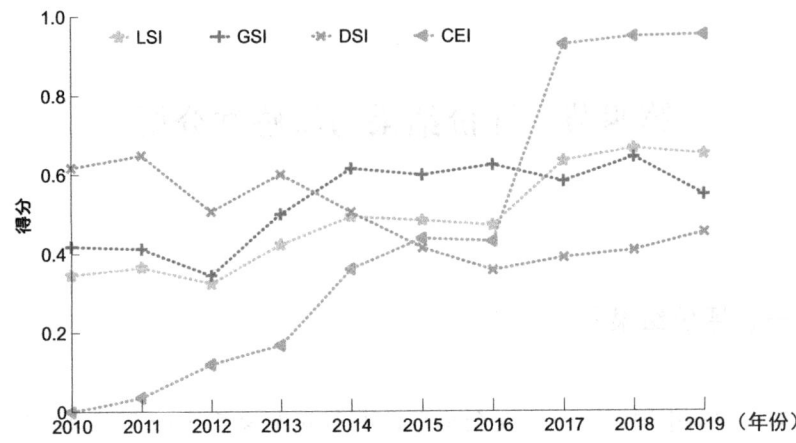

**图 4-3　2010~2019 年中国锂产业链安全度（LSI）、全球供应稳定性
（GSI）、国内经济安全性（DSI）和优态共存性（CEI）得分**

这表明，提高中国国内锂产业链安全性的关键是一方面要提高国内锂资源的生产能力，另一方面要通过减少国外资源的过度集中来不断优化市场结构。与其他两个子目标相比，国内资源经济安全性子目标分值较低，这表明国内锂产业链安全性的改善应进一步加强。

2010 年，全球锂资源供应稳定性（GSI）为 0.42，2012 年降至 0.34，然后在 2019 年增至 0.55。2010~2012 年 GSI 的下降归因于全球锂供应潜力（GSI1），与资源国相关的环境绩效（GSI4）的下降以及国际供应集中度的提高（GSI6）。2013~2019 年全球锂资源供应稳定性的波动增长不仅受到指标 GSI1 和 GSI4 的改善的影响，还受到资源国社会发展水平（GSI2）的提高和锂资源全球治理能力（GSI5）的改善影响。这一变化表明，地缘政治因素对锂资源全球稳定供应至关重要，而且环境法规和资源国的社会稳定是影响锂资源全球稳定供应的重要因素。

在三个子目标共同作用下，中国锂产业链安全水平（LSI）呈上升趋势，从 2010 年的 0.34 增加到 2019 年的 0.65。图 4-3 显示自 2016 年以来，中国的锂产业链安全水平增长显著，这主要归功于优态共存性子目标的显著增长，这表明通过开放国内市场并融入国际锂市场对中国锂产业链安全水平的改善有积极影响。

二、敏感性分析

此处使用蒙特卡洛模拟方法[288, 289],不再将所有子目标设置为相同的权重,而是考虑了三种替代权重方案,即情景1、情景2和情景3,最大权重分别分配给全球资源供应稳定性(GSI),国内资源经济安全性(DSI)和优态共存性(CEI)。例如,在情景2中,DSI相对于GSI和CEI具有更高的权重,以强调国内供应稳定在锂产业链安全中的作用,这与能源安全评估中强调资源可获得性的做法一致[51, 153, 239, 290]。蒙特卡洛模拟的理论基础是大数定律,它通过生成具有已知概率分布的随机变量来描述大量重复试验的结果。本书使用公式(4.15)生成权重。

$$LSI = \sum_m w_m \times I_m, \left(\sum_m w_m = 1, m = GSI, DSI, CEI \right) \quad (4.15)$$

在情景1中设定 $w_{GSI} \geq w_{DSI}$ 且 $w_{GSI} \geq w_{CEI}$;相应地,在情景2中 $w_{DSI} \geq w_{GSI}$ 且 $w_{DSI} \geq w_{CEI}$;类似地,在情景3中假设 $w_{CEI} \geq w_{GSI}$ 且 $w_{CEI} \geq w_{DSI}$。且假设 w_m 服从均匀分布,即所有权重值在[0,1]内都有相等的机会出现,且满足权重之和等于1。基于上述方法,针对每种情况随机进行10000次迭代[6, 36],并将其与基本方案下的结果进行比较以测试结果的敏感性,如图4-4所示。

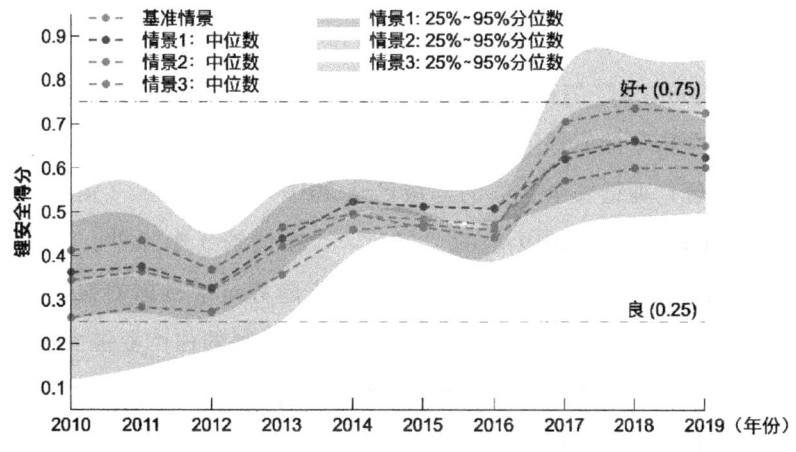

图4-4 不同赋权情景下中国锂产业链安全指数

图 4-4 中带方框的彩色虚线是每种赋权情景下经过 10000 次迭代后得到的中国锂产业链安全指数的中位数，蓝色代表情景 1，橘色代表情景 2，绿色代表情景 3，紫色代表基本情景。对于前三种情况，与彩色虚线相同颜色的色带是由同一赋权情景下锂产业链安全指数 25% 分位数线和 95% 分位数线形成的误差带。

为了更清楚地显示中国锂产业链安全指数在不同赋权情景下的变化，根据 Ang 等[153,290]和 Song 等[51]提出并应用的能源安全八级标准，此处提出了适用于锂产业链安全阈值的评级方案，如表 4-12 所示。

表 4-12　　　　　　　　锂产业链安全阈值

能源安全范围	锂产业链安全指数阈值	等级
[0, 0.5)	[0, 0.125)	差
[0.5, 1)	[0.125, 0.25)	差+
[1, 1.5)	[0.25, 0.375)	良
[1.5, 2)	[0.375, 0.5)	良+
[2, 2.5)	[0.5, 0.625)	好
[2.5, 3)	[0.625, 0.75)	好+
[3, 3.5)	[0.75, 0.875)	优秀
[3.5, 4)	[0.875, 1)	优秀+

数据来源：根据 Ang 等[153,290]提出的能源安全八级粒度得到

图 4-4 中两条黑色虚线分别是锂产业链安全等级"良"的下限（0.25）和等级"好+"的上限（0.75）。图中显示，尽管每种情况下中国锂产业链安全指数的值每年都在变化，但所有情况都显示出一个共同的趋势，即中国锂产业链安全指数的等级已从 2010 年的"良"（情景 2 中的"良+"除外）上升到 2019 年的"好+"（在情景 3 中除外，它为"优秀"）。这表明中国锂产业链安全指数的变化趋势对子目标的权重并不敏感，因此当前的评价指标体系可以有效地估计中国的锂产业链安全水平，并且可被扩展以估计中国其他关键矿产资源的安全水平。

进一步比较三种赋权情景下中国锂产业链安全指数值的变化。当优态共存子目标被赋予最大的权重时（情景 3），中国锂产业链安全指数的中位

数从2010年的0.26上升到2019年的0.73，改进幅度最大，表明优态共存子目标的改进对中国锂产业链水平的提高作用较大，这与基准情景中反映的2017年以来中国锂产业链安全水平的改善与优态共存子目标的发展有关的结论一致。当国内经济安全性子目标被赋予最大权重（情景2）时，2014年之前锂产业链安全指数高于基准情景。但是此场景下2015年以来锂产业链安全指数值均低于基准情景，表明锂资源国内经济安全的提高在短期内对改善中国锂产业链水平有积极影响。但长期看，国内资源经济安全是中国锂产业链安全提高的短板。当全球资源供应稳定性被赋予最大权重（情景1）时，安全指数值的绝对增加量低于情景3，但高于情景2，并且与基本方案的差异最小。

第五节　本章小结

本章基于总体国家安全观下锂产业链安全分析框架，构建了锂产业链安全评价指标体系，研究发现考虑全球资源供应稳定，国内经济安全以及全球产业链中各种参与者的优态共存性三个子目标的安全分析框架能够有效反映中国锂产业链安全所需要的全球治理需求以及中国经济转型期的发展需要。中国锂产业链安全水平不断提高，与优态共存子目标的变化密切相关。通过蒙特卡洛模拟分析进行的其他赋权情景的敏感性分析，测试了锂产业链安全评估框架的有效性。结果表明，不同赋权情景下中国锂产业链安全的时间趋势是一致的。它表明当前的安全框架可以有效地估算中国锂产业链安全性，并且有可能被适当调整以评估其他关键矿产资源的安全性。敏感性分析的结果同时显示当国内经济安全被赋予更高权重时，中国锂产业链安全值与其他情景下的值相比较低，表明国内资源经济安全是制约中国锂产业链安全提高的短板。立足新发展格局，未来中国锂产业链安全优化的方向是提高国内产业链安全。

上述评价指标体系中，EPI每2年发布一次，可查到2020年的数据；

全球锂商品进出口数据来自联合国商品贸易数据库，已更新到 2020 年，因此 CEI3 可计算到 2020 年。其他指标由于最新数据只更新到 2019 年，如当年全球不含美国锂产量数据和全球锂储量将会在两年后的美国地质调查局《Mineral Commodity Summaries》中披露，即 2019 年全球锂产量和储量数据可在 2021 年版《Mineral Commodity Summaries》获取。包含 GSI6、GSI7、DSI1、DSI2、DSI3、DSI6、DSI7、DSI9、DSI10、CEI2 等指标依赖美国地质调查局发布的产量和消费量数据计算，由于产量或消费量数据只到 2019 年，上述指标最近数据更新到 2019 年。另有指标，如 HDI、PPI、WGI，截至成稿时均只发布到 2019 年的评价结果。因此，本书在计算中国锂产业链安全指数时将研究期确定为 2010~2019 年。

第五章　中国锂产业链安全态势：基于产业链韧性视角

本章从中国锂产业链韧性机制出发，使用需求驱动和价格驱动相结合的系统动力学模型（SD）模拟未来中国锂产业链在国内锂资源供应有限与国内新能源汽车发展的供求双压力情景下面临的风险和挑战。中国电动汽车销量的增长刺激锂下游应用领域，导致锂消费量激增，不断推高供应商预期，刺激上游国内原料供给。但由于国内资源量不能满足国内电动汽车发展的锂需求，锂资源净进口量随之增长，导致国内锂价格上涨。国内锂市场的动态调整也会反作用于供应商预期，影响锂产业链产能建设和产能利用率。通过需求和价格市场的相互作用，本章重点研究中国锂产业链应对未来国内供求失衡局面的韧性，同时模拟了新冠疫情造成的短期冲击对国内产业链的影响。

第一节　锂产业链韧性及影响因素

一、产业链韧性界定

作为物理学概念的韧性，衡量的是材料在破裂前能吸收的能量和体积的比值。刘晓星等[291]吸收上述观点，并将经济韧性引申为经济系统吸收风险和抵御风险的能力。产业链韧性的研究最早源于材料关键性研究中供应中断脆弱性的测度。如 Graedel 等[35]在计算矿业投资风险指标时,将国外进口与国内生产的比作为衡量中断风险的可能性,Gholz 和 Press (2010) 和 Olson (2015)[292,293]分别研究了贸易中断对全球石油贸易和铝贸易的影响,且得出航道中断显著影响上述两种资源全球产业链的稳定。然而 Mancheri 等[294]的研究显示,由于钽产业链特有的供应来源多样性、高库存和可替代性等特点,物理中断对钽产业链影响较小。

韧性理论在原材料产业链中的应用为研究产业链如何响应短期干扰和长期约束提供了有效的理论框架。对于原材料产业链,韧性被定义为提供足够数量的给定材料以满足社会需求的能力,并在供应不足的情况下提供合适的替代品的能力[138,139,295]。基于上述定义,Sprecher 等[295]提出了提高产业链韧性的方式,即在供给侧通过提高一次产品生产或实现资源的回收利用以增加供应的多样性防止中断;在需求方面通过改善产品性能以减少材料需求或实现材料的功能性替代减轻供应中断的影响。

二、影响产业链韧性的因素

Sprecher 等[139]将影响矿产资源产业链系统的扰动分为两类,即供给扰动和需求扰动,如表 5-1 所示。按照冲击发生的快慢或持续的时间,上述两种扰动可进一步分为短期冲击和长期冲击。短期内,供给侧的冲击主要是由于自然灾害或资源国短期内出口限制措施等因素造成的产业链中断,它们可能会导致国内原料生产的中断,也可能影响进口国的原料生产。供给侧面临的长期扰动则是由于资源的消耗或是地缘政治造成的,通常持续数年。需求方面,相对缓慢的冲击来自社会和技术趋势,例如车载动力电池技术的进一步发展可能使锂资源需求下降。短期内对新型产品的爆炸性需求则快速推高资源需求,如智能手机等 3C 产品的发展快速增加了全球锂需求。

更具韧性的系统显示出对中断的抵御能力和中断发生后较短的恢复时间,使中断造成的后果有限。前文的研究结果显示未来中国锂产业链一方

表 5 – 1　　　　　　　　　产业链韧性的扰动因素

冲击作用时间	供给	需求
短期	自然灾害，资源国保护性措施	爆炸性需求变化
长期	矿石消耗，地缘政治	社会发展，技术趋势

资料来源：Sprecher 等[139]

面受国内电动汽车发展的影响，需求将会迅速增长；另一方面国内锂资源供应受资源生产条件限制，供应能力增速势必缓于需求增速。随着供需缺口的不断增大，中国锂产业链是否有充足韧性以应对供求冲击，助力电动汽车产业的良性发展对实现交通领域减排目标至关重要。

第二节　中国锂产业链系统动力学建模

一、模型边界

使用系统动力学模型进行建模前需要对模型边界进行界定。根据前文的分析，2010 年以来，中国锂产业链安全水平随着国际锂资源供应条件的改善和国内国际市场的融合发展稳步向好。但也应该注意到，与 2018 年相比，2019 年中国锂产业链安全水平小幅下降，这主要是由国际锂供应市场小幅震荡引起的。中国已经提出 2030 年前实现碳达峰，2060 年实现碳中和的碳减排政策。可以预见，尽管未来全球锂供应仍将维持供略大于求的局面，但受国内电动汽车发展引发的锂需求增长影响，中国锂供应仍将受到巨大挑战。已有研究成果显示中国汽车销售市场将随着碳达峰目标的实现预计在 2030 年前后迈入高峰销量，而受"纯电驱动"战略的刺激，纯电动汽车在新能源汽车市场的占有率将在 2050 年左右达到 100%，因此，本章将模型的时间边界界定为 2010 ~ 2050 年，其中，2019 年以前中国锂产量和纯电动汽车领域消费量为模型的输入，中国锂消费量、净进口量和价格等数据为模型关注的主要输出变量,将三者2010~2019年的历史值与模型运算得到的模拟值相比检验模型的有效性。

模型空间边界为中国,主要基于以下两个方面的考量:一是已有研究结论已经证实本世纪内全球锂资源能够满足全球锂需求,在其他外部条件不发生重大变化的前提下按照现有全球锂供求形势,中国从海外获取资源不构成重大风险,因此模型假设锂净进口为外生因素,在基础模型中仅考虑由于国内供求失衡对价格的乘数效应,而不考虑无法从国外进口的情况。二是党的十九届五中全会提出了"加快构建以国内大循环为主体、国内国际双循环相互促进的新发展格局"的重大战略部署,这意味着未来防范和化解中国锂产业链面临的风险关键要充分发挥国内市场的优势,实现产业链重构,畅通国内大循环。

二、模型描述

以 Sterman[296]提出的制造业产业链模型为蓝本,在充分借鉴已有研究成果[12,77,79,80,297,298]的基础上,本书构建了需求和价格双驱动的中国锂产业链系统动力学模型,如图 5-1 所示。

1. 需求驱动的锂产业链。需求驱动的锂产业链包含需求子系统、生产子系统和原料供应子系统。在需求驱动的锂产业链中,厂商根据期望订单率、制成品库存调整与积压库存水平产生期望生产率,进而将下游需求与上游生产联系起来。

(1) 需求子系统。锂消费基本的动态特征是当期价格上涨会引起需求的滞后下降,滞后期的长短依赖消费者对价格预期的调整以及替代品的可获得性。为简化模型,此处将顾客订单率简化为潜在行业需求,不考虑其他潜在影响需求的因素,如公式(5.1)所示。

$$\text{订单率} = \text{制成品实际需求} \tag{5.1}$$

制成品实际需求的调整会滞后于商品价格所指示的需求。此处假定制成品实际需求是指示需求的一阶平滑函数,如公式(5.2)所示。

第五章　中国锂产业链安全态势：基于产业链韧性视角

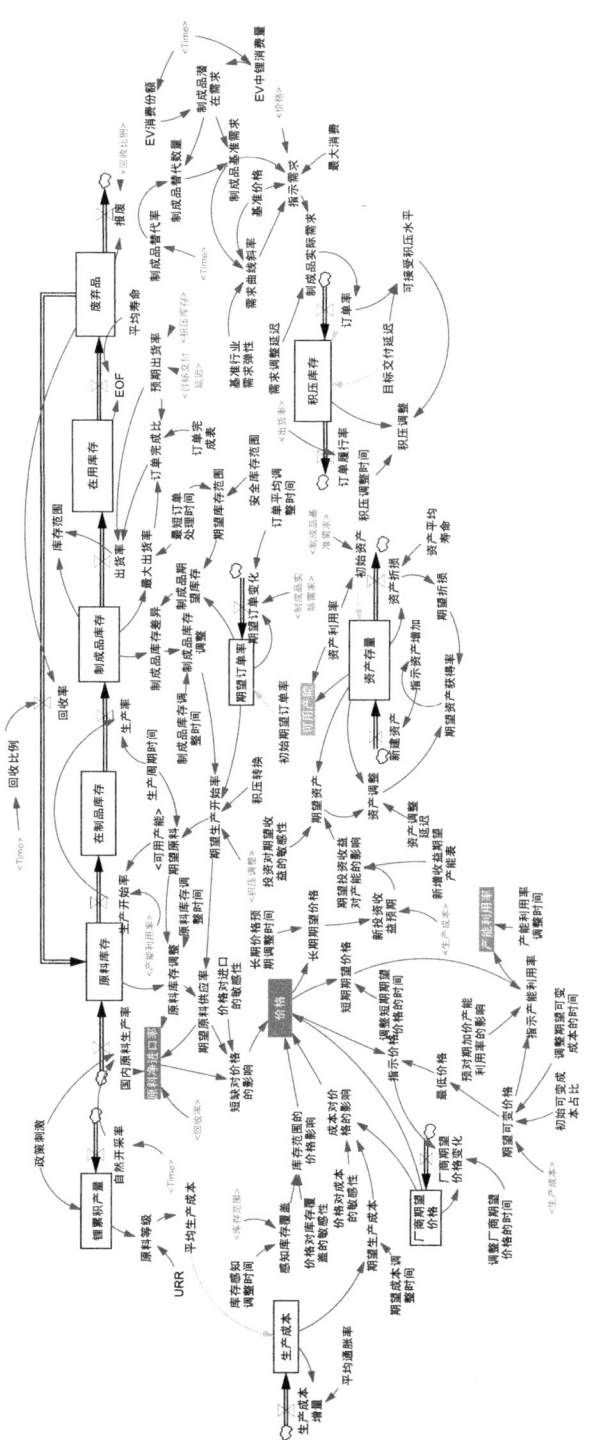

图 5-1　中国锂产业链系统动力学模型

制成品实际需求 = $SMOOTH$（指示需求，需求调整延迟） (5.2)

其中，指示需求是当前价格水平与给定基准价格水平相比时基准需求的变化，如公式（5.3）所示。式中的最大值函数确保当价格无限高时指示需求大于0，最小值函数确保当价格趋于0时指示需求仍小于理论最大消费量。

$$指示需求 = \text{MIN}\left[最大消费, 制成品基准需求 \times \text{MAX}\left(0, 1 + 需求曲线斜率 \times \frac{价格 - 基准价格}{制成品基准需求}\right)\right] \quad (5.3)$$

需求曲线的斜率是给定市场均衡条件下的需求弹性。由于需求的价格弹性 e 的计算公式为 $e = \frac{\Delta D/D}{\Delta P/P}$，且需求曲线的斜率 s 为 $s = \frac{\Delta D}{\Delta P}$，给定基准价格和基准需求（$P_r, D_r$）时，需求曲线的斜率转化为 $s = \frac{e_r D_r}{P_r}$，其中，e_r 为给定基准价格水平时的需求弹性。当价格高于基准价格水平时，需求的价格弹性增加；当价格低于基准价格时，需求的价格弹性降低。

制成品基准需求被定义为潜在需求与替代数量的差，如公式（5.4）所示。尽管锂下游环节包括许多相关应用领域，但此处主要关注电动汽车领域锂消费量的变化，因此制成品潜在需求为 EV 中锂消费量与下游应用份额的比，如公式（5.5）所示。

制成品基准需求 = 制成品潜在需求 − 制成品替代数量 (5.4)

$$制成品潜在需求 = \frac{EV 中锂消费量}{EV 中锂消费份额} \quad (5.5)$$

（2）生产子系统。通常一条产业链涉及多个生产环节，这些环节会创建大量在制品。为简化锂产业链，此处将锂生产环节简化为2个步骤并包含原料库存、在制品库存和制成品库存3类库存，即厂商使用既有原料库存开始生产，并形成在制品，在此基础上进行再生产得到制成品，如图5-2所示。制成品库存为生产率与出货率差额的积分，如公式（5.6）所示。

制成品库存 = $INTEG$（生产率 − 出货率，制成品初始库存） (5.6)

第五章 中国锂产业链安全态势：基于产业链韧性视角 | 109

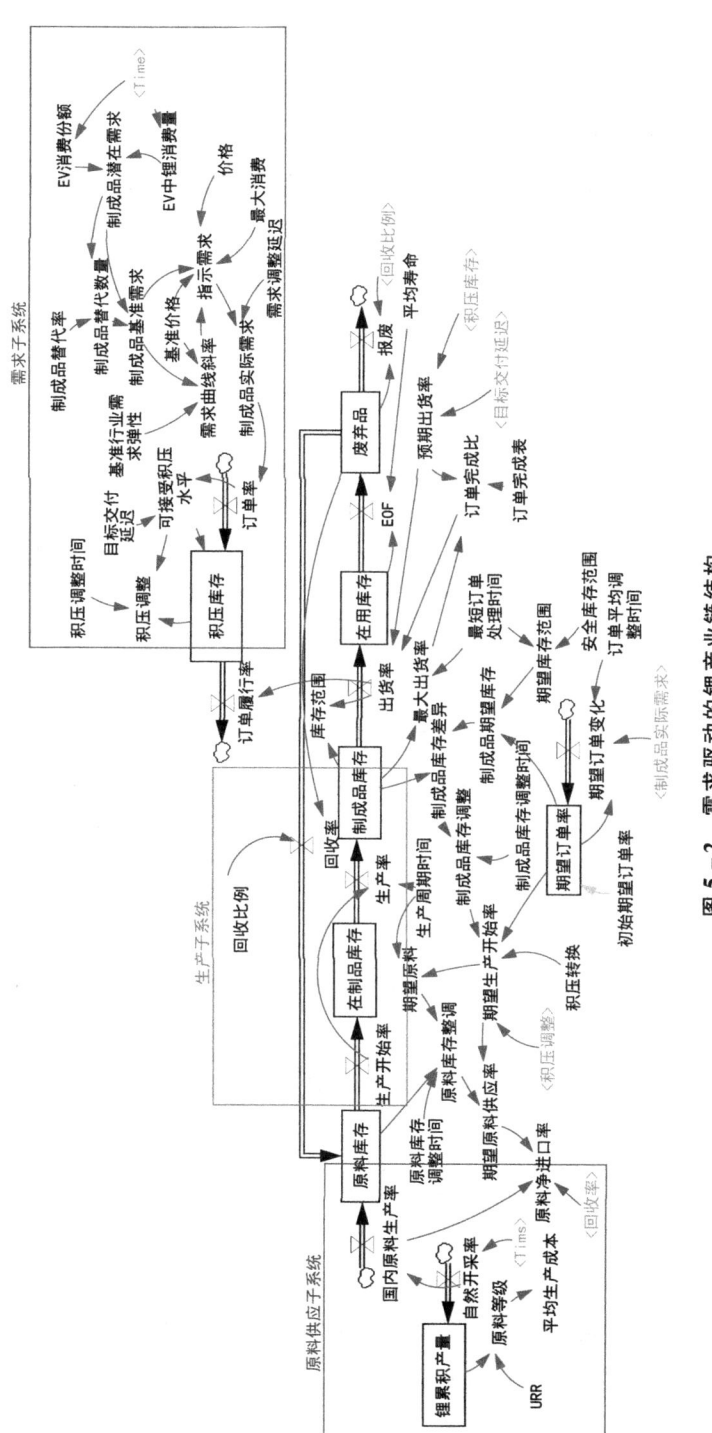

图 5-2 需求驱动的锂产业链结构

借鉴 Sterman[296] 的做法，使用通用库存管理结构来制定生产开始决策规则，将生产率设定为生产开始率的三阶延迟函数，如公式（5.7）所示。

$$生产率 = DELAY3（生产开始率，生产周期时间） \tag{5.7}$$

当制成品库存充足时，出货率通常等于预期出货率；但当制成品库存不足时，由于库存不足顾客订单则无法被满足，降低了订单完成比，如公式（5.8）所示。式中，订单完成比是最大出货率与预期出货率之比的函数[296]，最大出货率取决于产业链中当前库存水平和最短订单处理时间。

$$出货率 = 预期出货率 \times 订单完成比 = 预期出货率 \times f\left(\frac{最大出货率}{预期出货率}\right)$$

$$= 预期出货率 \times f\left(\frac{制成品库存/最短订单处理时间}{预期出货率}\right) \tag{5.8}$$

类似地，在制品库存即为生产开始率与生产率差额的累积量，如公式（5.9）所示。

$$在制品库存 = INTEG（生产开始率 - 生产率，在制品初始库存） \tag{5.9}$$

（3）原料供应子系统。为简化产业链，原料库存为国内原料生产率的积分。根据不同的最终可采储量（URR）情景，使用哈伯特模型可以确定未来中国锂自然开采率，结果见第三章。根据物质流分析的基本观点，国内原料生产率与原料净进口率应与原料生产率一致，如公式（5.10）所示。

$$国内原料生产率 + 原料净进口率 + 回收率 = 制成品实际需求 + 报废率$$
$$= 期望原料供应率 \tag{5.10}$$

基于上述公式，本书设定未来中国原料净进口率为期望原料生产率与国内原料生产率与回收率的差。

（4）需求导向的锂产业链。本书假设厂商接受客户订单率和订单履行率之间存在延迟，产生积压库存，如公式（5.11）所示。

$$积压库存 = INTEG（订单率 - 订单履行率，可接受积压水平） \tag{5.11}$$

将预期目标延迟定义为厂商发出订单和收到货物的时间间隔，则预期出货率是确保在目标交付延迟时间内完成订单的发货率，如公式（5.12）所示。

预期出货率 = 积压库存/目标交付延迟   (5.12)

在需求驱动的锂产业链中，厂商根据期望订单率和制成品库存调整与积压库存水平产生期望生产率，如公式（5.13）所示。

$$期望生产开始率 = MAX\left(0,期望订单率+制成品库存调整-\frac{积压调整}{积压转换}\right)$$
(5.13)

其中，期望订单率是厂商对实际订单率的一阶指数平滑函数，如公式（5.14）所示。

期望订单率 = INTEG（期望订单变化，初始期望订单率）   (5.14)

$$期望订单变化 = \frac{制成品实际需求-期望订单率}{订单平均调整时间} \quad (5.15)$$

制成品库存调整通过调整期望生产开始率以减小制成品库存与制成品期望库存之间的差距，如公式（5.16）所示。充足的库存可以有效缓冲需求的意外变化，制成品预期库存范围需包括两个部分：首先，为达到预期出货率，供应商需保证基本库存范围等于最小订单处理时间，以确保制成品能够以预期的速度发货；其次，为了确保适当的服务水平，供应商需要维持一定的安全库存范围，以达到订单平均履行时间。

$$\begin{aligned}制成品库存调整 &= \frac{制成品库存差异}{制成品库存调整时间}\\ &=\frac{MAX（制成品期望库存-制成品库存,0）}{制成品库存调整时间}\\ &=\frac{MAX（制成品库存覆盖\times期望订单率-制成品库存,0）}{制成品库存调整时间}\end{aligned}$$
(5.16)

类似地，期望原料供应率为供应商根据原料库存调整与期望生产率产生，如公式（5.17）所示。

期望原料供应率 = MAX（0，期望生产率+原料库存调整）   (5.17)

2. 价格驱动的锂产业链。借鉴 Sterman 与 Sprecher 等[139,296]的研究，本书构建了价格驱动的锂产业链，图5-3显示了价格的形成过程与价格对供给和需求的作用。

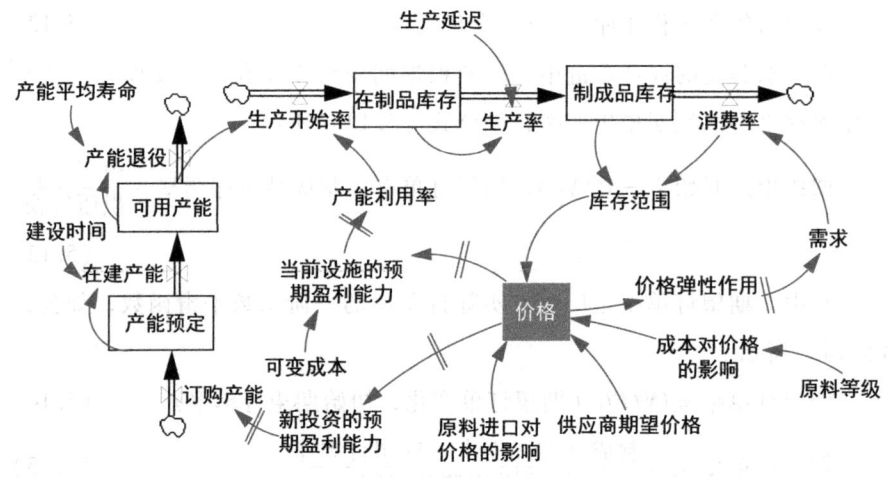

图 5-3 价格驱动的锂产业链结构

（1）价格形成过程。在许多经济模型中，价格 P 被简化为均衡价格 P^*，并根据其他短期影响因素进行动态调整。由于真实的市场均衡价格未知，厂商只能根据历史价格形成价格预期，当价格高于当前价格预期且保持不变时，厂商将会逐渐修改其对均衡价格的估计，直到最终达到实际价格水平为止。借鉴已有文献[12]中的做法，此处市场价格根据锚定价格和调整过程设定，如公式（5.18）所示。

价格 = 厂商期望价格 × 库存范围对价格的影响 × 成本对价格的影响 ×
　　　原料进口对价格的影响　　　　　　　　　　　　　　　　　（5.18）

锚定价格为厂商的预期价格，由指示价格与厂商期望价格的相对变化设定。价格调整过程主要考虑了三种因素对均衡价格的影响：库存范围对价格的影响、成本对价格的影响以及原料进口对价格的影响。

库存范围是可用库存与出货率的比，反映了制成品库存对当前消费的供应能力，其中制成品库存是当前产业链的可供数量，出货率反映了厂商足额交付产品的能力。添加库存范围对价格的影响反映了供求平衡度对现货价格的影响。当库存范围下降时，价格往往会上涨，因此价格对库存的敏感性为负数。

厂商对锂国内生产成本的预期影响价格，影响作用的大小由价格对生产成本的敏感性决定。中国锂初始生产成本来源于第三章对国产锂平均成本的判断。假设中国锂生产总是先开发资源品位高、开采难度低的资源，那么即使在不同的最终可采储量情景下，当国内锂累计产量超过 16% 的最终可采储量时，高品位矿床被开发殆尽，转而开发低品位矿床，国产锂平均生产成本从 171000 元/吨升至 175000 元/吨。生产成本增量主要受国内平均通胀率的影响，根据世界银行的数据，中国平均通胀率设定为 0.025。

由于已有研究已经证实全球锂供给能够有效满足全球锂需求[11]，因此本节假设未来全球锂生产成本不会发生明显变化，且假设中国能够足量地从国际市场获得国内市场所需的锂原料，原料净进口难易程度主要通过原料净进口对价格的作用效果体现。当原料进口量增加时，国内市场锂价格相应上涨，因此价格对进口的敏感性为正数。

（2）价格对供给和需求的影响。尽管实际上锂产业链上的每个环节的各个参与主体都面临着相应的供求关系，但 Sprecher 等[139, 295]针对稀土产业链的访谈结果显示产业链约束主要存在在产业链生产决策开始处，即生产开始率。此外，基于前文构建的需求驱动的锂产业链，此处将产业链需求简化为下游制成品需求。借鉴 Sterman[296] 的通用商品市场模型，本书采用可用产能和产能利用率表示生产开始率，如公式（5.19）所示。价格对锂供给端的影响通过短期价格调整影响产能利用率和长期价格预期影响新增产能建设实现。

$$\text{生产开始率} = \text{产能利用率} \times \text{可用产能} \tag{5.19}$$

产能利用率取决于生产商对当前产能设备盈利能力的期望。由于厂商需要时间获得有关生产成本和获利能力的信息，且需要时间过滤掉噪声并检测趋势变化，因此产能利用率通常不能立即更改。为简化产能利用率调整过程，本书使用指示产能利用率的一阶平滑函数衡量，如公式（5.20）所示。

$$\text{产能利用率} = SMOOTH\ (\text{指示产能利用率}, \text{产能利用率调整时间})$$
$$= SMOOTH\left(f\left(\frac{\text{短期期望价格}}{\text{期望可变成本}}\right), \text{产能利用率调整时间}\right) \tag{5.20}$$

式中，产能利用率调整时间是由于信息流收集、产能利用率调整决策和决策实施过程产生的延迟。指示产能利用率是当前产能设备的预期盈利能力，即短期期望价格与期望可变成本的比，这体现了短期内边际收益（价格）与边际成本的相对变化对现有产能利用决策的影响。在给定产能的情况下，短期价格的变化反映了由于价格上涨带来的短期供给的额外产出。

使用一阶指数平滑函数确定厂商短期价格期望，如公式（5.21）所示。

短期期望价格 = SMOOTH(价格，调整短期期望价格的时间) (5.21)

可用产能是现有产业链中所有厂房和设备在完全充分利用时的产出率，如公式（5.22）所示。

可用产能 = 资产存量 × 资产利用率 (5.22)

其中，资产存量随着在建产能的增加而增加，同时按照一定的折损率下降。盈利能力是新产能投资的主要决定因素。当新投资的预期获利能力较高时，厂商将扩大规模；而持续的低利润率导致产能收缩。

行为经济学理论表明，当厂商预期新产能投资可获利时，厂房和相关设备建设增加。只要新投资仍有获利空间，资产投资就会增加，导致资产存量的增加；而当投资回报率不足时下降。新投资的预期收益能力是长期期望价格与预期成本的差，并通过长期期望价格进行归一化处理，以提供无量纲的比值，如公式（5.23）所示。

$$新投资预期收益 = \frac{长期期望价格 - 期望生产成本}{长期期望价格} \quad (5.23)$$

式中，厂商长期期望价格与厂商短期期望价格类似，使用一阶指数平滑函数确定，如公式（5.24）所示。

长期期望价格 = SMOOTH(价格，调整长期期望价格的时间) (5.24)

价格对需求影响的基本动态特征是价格上涨时需求时滞性下降。如前所述，给定基准价格和基准需求（P_r，D_r）时，需求曲线的斜率转化为 $s = \frac{e_r D_r}{P_r}$，其中 e_r 为给定基准价格水平时的需求弹性。当价格高于基准价格水平时，需求的价格弹性增加，需求随价格上涨变化明显；反之需求的价格弹性降低，需求随价格的降低小幅变化。

本节主要关注未来在电动汽车发展情景与国内供给不足导致的供求缺口不断扩大背景下中国锂产业链安全态势,因此模型中关键变量为原料净进口率、价格、可用产能和产能利用率。

三、模型参数设计

(一)存量

(1) 锂累积产量 = INTEG(自然开采率,63000),单位:吨

(2) 原料库存 = INTEG(回收率 + 国内原料生产率 − 生产开始率,2),单位:吨

(3) 在制品库存 = INTEG(生产开始率 − 生产率,0),单位:吨

(4) 制成品库存 = INTEG(出货率 + 生产率,1),单位:吨

(5) 在用库存 = INTEG(出货率 − EOF,0),单位:吨

(6) 废弃品 = INTEG(EOF − 回收率 − 报废,0),单位:吨

(7) 期望订单率 = INTEG(期望订单变化,初始期望订单率),单位:吨/年

(8) 积压库存 = INTEG(订单率 − 订单履行率,目标交付延迟×订单率),单位:吨

(9) 资产存量 = INTEG(新建资产 − 资产折损,初始资产),单位:资产

(10) 厂商期望价格 = INTEG(厂商期望价格变化,300000),单位:元/吨

(11) 生产成本 = INTEG(生产成本增量,平均生产成本),单位:元/吨

(二)流量

(1) 回收率 = 废弃品×回收比例,单位:吨/年

(2) 国内原料生产率 = 自然开采率×(1 + 政策刺激),单位:吨/年,基准情景中政策刺激为0,不同产量增长情景下政策刺激分别等于10%,15%和20%

(3) 生产开始率 = 可用产能 × 产能利用率，单位：吨/年

(4) 生产率 = DELAY3（生产开始率/生产周期时间，5），单位：吨/年

(5) 出货率 = 预期出货率 × 订单完成比单位：吨/年

(6) EOF = 在用库存/平均寿命，单位：吨/年

(7) 报废 = 废弃品 ×（1 - 回收比例），单位：吨/年

(8) 期望订单变化 =（制成品实际需求 - 期望订单率）/订单平均调整时间，单位：吨/（年×年）

(9) 订单率 = 制成品实际需求，单位：吨/年

(10) 订单履行率 = 出货率，单位：吨/年

(11) 新建资产 = MAX（0，指示资产增加），单位：资产/年

(12) 资产折损 = 资产存量/资产平均寿命，单位：资产/年

(13) 厂商期望价格变化 =（指示价格 - 厂商期望价格）/调整厂商期望价格的时间，单位：元/（吨×年）

(14) 生产成本增量 = 生产成本 × 平均通胀率，单位：元/（吨×年）

（三）辅助变量

(1) URR = 3.942×10^6，单位：吨，在不同的 URR 情景下，此值分别等于 5.5×10^6 与 8.402×10^6

(2) 产能利用率调整时间 = 2，单位：年

(3) 制成品库存调整时间 = 2，单位：年

(4) 原料库存调整时间 = 0.25，单位：年

(5) 库存感知调整时间 = 1.25，单位：年

(6) 安全库存范围 = 0.5，单位：年

(7) 最短订单处理时间 = 0.05，单位：年

(8) 期望成本调整时间 = 0.6，单位：年

(9) 平均寿命 = 6，单位：年

(10) 生产周期时间 = 0.6，单位：年

(11) 目标交付延迟 = 3，单位：年

(12) 订单平均调整时间 = 1，单位：年

(13) 调整厂商期望价格的时间 = 0.8，单位：年

(14) 调整期望可变成本的时间 = 1，单位：年

(15) 调整短期期望价格的时间 = 0.4，单位：年

(16) 资产平均寿命 = 20，单位：年

(17) 积压调整时间 = 1，单位：年

(18) 资产调整延迟 = 3，单位：年

(19) 长期价格预期调整时间 = 2.375，单位：年

(20) 需求调整延迟 = 0.7，单位：年

(21) 回收比例 = WITH LOOKUP（Time,（[（2010,0.01）-（2050,0.5）],（2010,0.01）,（2050,0.5）））,单位：1/年，此公式为 50% 回收利用情景下的公式设置，基准情景中到 2050 年为 1%

(22) 平均通胀率 = 0.025，单位：1/年

(23) 最大消费 = 500000，单位：吨/年

(24) 初始期望订单率 = 6730，单位：吨/年

(25) 资产利用率 = 1，单位：吨/年/资产单位

(26) 基准价格 = 200000，单位：元/吨

(27) 投资对期望收益的敏感性 = 1，单位：Dmnl

(28) 积压转换 = 8，单位：Dmnl

(29) 基准行业需求弹性 = -0.125，单位：Dmnl

(30) 初始可变成本占比 = 0.4，单位：Dmnl

(31) 制成品替代率 = WITH LOOKUP（Time,（[（2010,0）-（2050,0.5）],（2010,0）,（2030,0）,（2050,0.5）））,单位：Dmnl，此公式为 50% 替代增加情景下的公式设置，基准情景中设为 0

(32) 价格对库存覆盖的敏感性 = -0.05，单位：Dmnl

(33) 价格对成本的敏感性 = 0.8，单位：Dmnl

(34) 价格对进口的敏感性 = 0.2，单位：Dmnl

(35) 产能利用率 = SMOOTH（指示产能利用率，产能利用率调整时间），单位：Dmnl

(36) 价格 = SIMULTANEOUS（厂商期望价格×库存范围的价格影响×成本对价格的影响×短缺对价格的影响，210000），单位：元/吨

(37) 初始资产 = 制成品基准需求/0.8/资产利用率,单位:资产单位

(38) 制成品基准需求 = 制成品潜在需求 - 制成品替代数量,单位:吨/年

(39) 制成品实际需求 = SMOOTH(指示需求,需求调整延迟),单位:吨/年

(40) 制成品库存差异 = MAX(制成品期望库存 - 制成品库存,0),单位:吨

(41) 制成品库存调整 = 制成品库存差异/制成品库存调整时间,单位:吨/年

(42) 制成品替代数量 = 制成品替代率×制成品潜在需求,单位:吨/年

(43) 制成品期望库存 = 期望库存范围×期望订单率,单位:吨

(44) 制成品潜在需求 = EV 中锂消费量/EV 消费份额,单位:吨/年

(45) 原料净进口率 = 期望原料供应率 - 国内原料生产率 - 回收率,单位:吨/年

(46) 原料库存调整 = MAX(期望原料 - 原料库存,0)/原料库存调整时间,单位:吨/年

(47) 原料等级 = IF THEN ELSE(锂累计产量 ≤ (0.16×URR),0,1),单位:Dmnl

(48) 可接受积压水平 = 订单率×目标交付延迟,单位:吨

(49) 可用产能 = 资产利用率×资产存量,单位:吨/年

(50) 平均生产成本 = IF THEN ELSE(原料等级 = 0,171000,175000),单位:元/吨

(51) 库存范围 = 制成品库存/出货率,单位:年

(52) 库存范围的价格影响 = 感知库存覆盖^价格对库存覆盖的敏感性,单位:Dmnl

(53) 感知库存覆盖 = 库存范围/库存感知调整时间,单位:Dmnl

(54) 成本对价格的影响 = 1 + 价格对成本的敏感性×(期望生产成本/厂商期望价格 - 1),单位:Dmnl

(55) 指示产能利用率 = 预期加价对产能利用率的影响(短期期望价

格/期望可变价格），单位：Dmnl

（56）指示价格＝MAX（价格，最低价格），单位：元/吨

（57）指示资产增加＝期望资产获得率，单位：资产/年

（58）指示需求＝MIN（最大消费，制成品基准需求×MAX（0，1＋需求曲线斜率×（价格－基准价格）/制成品基准需求）），单位：吨/年

（59）新增收益期望产能表（[（－1,0）－（1,2）]，（－1,0），（－0.75，0.1），（－0.5，0.3），（－0.25，0.67），（0,1），（0.25，1.25），（0.5，1.45），（0.75，1.6），（1,1.7）），单位：Dmnl

（60）新投资收益预期＝（长期期望价格－生产成本）/长期期望价格，单位：Dmnl

（61）最低价格＝期望可变价格，单位：元/吨

（62）最大出货率＝制成品库存/最短订单处理时间，单位：吨/年

（63）期望原料＝期望生产开始率×生产周期时间，单位：吨

（64）期望原料供应率＝原料库存调整＋期望生产开始率，单位：吨/年

（65）期望可变价格＝SMOOTH（生产成本×初始可变成本占比，调整期望可变成本的时间），单位：元/吨

（66）期望库存范围＝MIN（安全库存范围，最短订单处理时间），单位：年

（67）期望投资收益对产能的影响＝新增收益期望产能表（新投资收益预期），单位：Dmnl

（68）期望折损＝资产折损，单位：资产/年

（69）期望生产开始率＝MAX（0，期望订单率＋制成品库存调整－积压调整/积压转换），单位：吨/年

（70）期望生产成本＝SMOOTH（生产成本，期望成本调整时间），单位：元/吨

（71）期望资产＝资产存量×（1＋投资对期望收益的敏感性×（期望投资收益对产能的影响－1）），单位：资产

（72）期望资产获得率＝MAX（期望折损＋资产调整，0），单位：资产/年

（73）短期期望价格 = SMOOTH（价格，调整短期期望价格的时间），单位：元/吨

（74）短缺对价格的影响 = 1.2958 ×（供求变化）^价格对进口的敏感性，单位：Dmnl

（75）积压调整 =（积压库存 – 可接受积压水平）/积压调整时间，单位：吨/年

（76）订单完成比 = 订单完成表（最大出货率/预期出货率），单位：Dmnl

（77）订单完成表([(0,0) - (1e + 08,10)],(0,0),(0.2,0.2),(0.4,0.4),(0.6,0.58),(0.8,0.73),(1,0.85),(1.2,0.93),(1.4,0.97),(1.6,0.99),(1.8,1),(2,1),(1e + 08,1))，单位：Dmnl

（78）资产调整 = MAX（0，期望资产 – 资产存量）/资产调整延迟，单位：资产/年

（79）长期期望价格 = SMOOTH（价格，长期价格预期调整时间），单位：元/吨

（80）需求曲线斜率 = – 制成品基准需求 × 基准行业需求弹性/基准价格，单位：吨 × 吨/（元 × 年）

（81）预期出货率 = 积压库存/目标交付延迟，单位：吨/年

（82）预期加价对产能利用率的影响([(0,0) - (4,1)],(0,0),(0.5,0),(0.8,0.02),(1,0.48),(1.2,0.64),(3,0.88),(3.6,1),(4,1))，单位：Dmnl

第三节 模型验证、未来趋势判断与敏感性分析

一、模型验证

本书使用 Vensim 软件①实现中国锂产业链系统动力学模型的搭建及后续的情景分析工作。模型主要包括供应子系统，需求子系统和价格子系统，并通过需求和价格共同驱动的产业链实现模型各个子系统的联系。供应子系统主要包括国内锂供应和国内锂生产过程，是由原料库存、在制品库存和制成品库存构成的三阶系统，此外模型还加入了锂消费形成的在用品库存，产品寿命结束（EOF）的报废品，用以评估未来可能的锂回收情景。模型主要基于第三章对未来国内锂产量和电动汽车发展的锂需求的判断进行情景分析，因此主要输入为中国锂产量和电动汽车锂需求量，参见第三章图 3-8 和图 3-12。这两个变量的值仅与时间有关，与模型中其他变量的值无关。其他内生变量的值则是在充分参考已有文献[12,77,79,80,143,296-298]的基础上，结合计量分析与模型校准得到的。模型涉及的变量如无特别注明外均已转化为金属锂含量单位。

应用已经建立的系统动力学模型进行情景分析前，需要进行模型的有效性检验，首先需要通过模型内置的结构检验和单位检验。按照已有做法[12,80,143,299]，模型主要参数需通过历史值测试，即模型的模拟值与历史值的误差需要保持在一定的范围内，则说明模型设置合理，并能被用于后续分析。由于本章主要关注未来中国锂产业链在供给冲击和电动汽车需求发展冲击下的安全态势，因此模型关注的主要变量是价格、净进口量、锂需求量、产能和产能利用率变化。对比 2010~2019 年国内锂价格、净进口

---

① Ventana System, Inc. https://vensim.com/。

量和锂需求量历史值和模拟值检验模型的有效性,结果如表 5 - 2 和图 5 - 4 所示。

表 5 - 2 2010 ~ 2019 年模型主要变量模拟值与实际值描述性统计

统计指标	价格		锂消费		原料净进口	
	实际值	模拟值	实际值	模拟值	实际值	模拟值
均值	383417	371752	16450	15160	11591	9700
峰度	-0.97	-1.07	0.22	0.26	-0.82	2.05
偏度	0.97	0.70	1.00	1.06	0.38	1.27
最小值	203186	186326	6730	6469	2778	1385
最大值	768083	636336	34930	33495	24130	25927
R^2	0.86		0.88		0.84	
MAPE(%)	18.55		14.65		21.16	

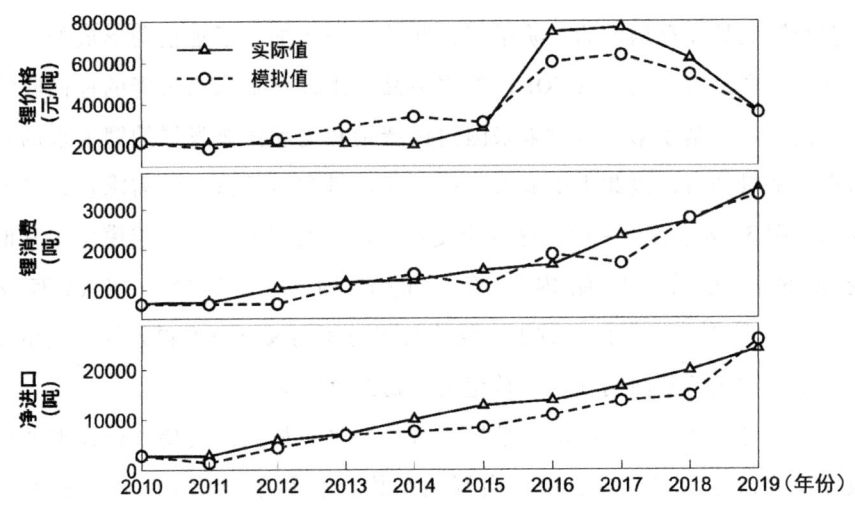

图 5 - 4 主要变量实际值与模拟值趋势对比

表中显示本书关注的主要变量的实际值与模拟值的 R^2 均在 80% 以内,说明模型运行情况良好[80],能够较好地反映中国锂产业链运行情况。2010 ~ 2019 年中国锂价格模拟值和实际值分布类似,相对于正态分布均呈现右偏的平缓分布,说明锂价格容易受到极大值的影响;锂消费量的模拟值和实际值则均呈现右偏的陡峭分布。锂净进口量的实际值呈现右偏的平缓分布，但模拟值的峰度更陡峭。尽管个别年份模型模拟值与真实值存在一定的偏差，但总体来看模拟值能够反映主要变量在 2010~2019 年的变化趋势。

二、未来趋势判断

基于第三章对中国三种最终可采储量情景下的锂产量和未来新能源汽车发展的保守情景和积极情景的判断，本书首先设立了未来中国锂产业链发展面临的六种基准情景，判断未来中国锂产业链的基本情况，如表 5-3 所示。

表 5-3　　　　　未来中国锂产业链发展的基本趋势　　　　（单位：10^4 吨）

EV 需求 \ 国内产量	URR1 = 394.2	URR2 = 550	URR3 = 840.2
保守情景 （$D_{EV,2050}$ = 8.94）	S11：低产量低需求	S21：中产量低需求	S31：高产量低需求
积极情景 （$D_{EV,2050}$ = 13.69）	S12：低产量高需求	S22：中产量高需求	S32：高产量高需求

上述六种情景下，中国锂产业链运行情况，如图 5-5 所示。图 5-5（1）显示了未来中国总需求情况，在电动汽车发展的保守情景和积极情景下，中国锂资源总需求量预计分别在 2030 年达到 5.5×10^4 吨和 15.5×10^4 吨，到 2050 年达到 $(21.8 \sim 33.3) \times 10^4$ 吨。图 5-5（1）还显示了未来中国锂资源产量对国内总需求的影响较小。如在电动汽车发展的保守情景下，未来不同最终可采储量情景中的总需求差异不大，与 Sun 等[80] 的研究中得到的 URR 对中国锂产业影响较小的结论一致。但本书认为造成 URR 对锂需求影响不大的原因是上述情景暗含假设是 21 世纪中叶前，国内锂开采条件不会发生明显变化，因此到 2050 年前国内锂产量将会平稳增长，年产量尚未达峰，且到 2050 年国内累计锂产量预计将在 $(75 \sim 77) \times 10^4$ 吨，远低于国内探明储量。因此，未来电动汽车的锂需求将会是国内锂产业发展的主要驱动因素。

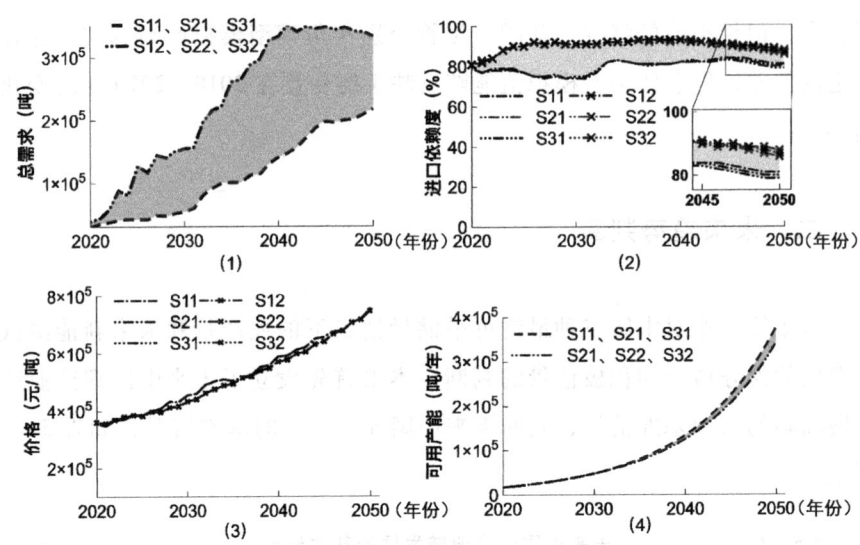

图 5-5 未来不同供给和需求情景下中国锂产业链运行情况

未来不同基准情景下中国锂进口依赖度变化如图 5-5（2）所示。总体来看未来中国锂进口依赖度的变化与电动汽车发展的锂需求密切相关。在电动汽车发展的保守情景下中国锂进口依赖度在 2030 年为 74%，到 2050 年上升到 81%，低于电动汽车发展的积极情景。电动汽车发展的积极情景下，中国锂资源进口依赖度到 2030 年达到 91%，并在 2050 年时始终维持在 88% 左右。当需求一定时，中国锂资源进口依赖度随着给定 URR 水平的增加有轻微下降趋势。如 2046～2050 年，在电动汽车发展的保守情景下，S11（对应的 URR 为 394.2×10^4 吨），S21（对应的 URR 为 550×10^4 吨），S31（对应的 URR 为 840.2×10^4 吨）情景中中国锂资源进口依赖度分别为 81%、80% 和 79%，这也再一次印证了图 5-5（1）中最终可采储量对中国锂产业发展影响较小的结论。

图 5-5（3）展示了 6 种供求情景下中国锂价格变化情况。上述六种情景下，中国锂价格没有呈现出差异性变化，国内锂价格从 2020 年的 36 万元/吨升至 2030 年的 45 万元/吨，并持续上升到 2050 年的 75 万元/吨。国内锂价格长期内的稳定上涨是由于国内供应不足导致锂资源净进口逐渐增长引起的。此外图中的研究结果也显示，未来随着中国锂消费量的增加，国内的锂库存对价格的影响会平抑一部分进口对价格的影响。因此尽

管到 2050 年中国锂进口依存度升高，但锂价不会一直上涨，一定程度上反映了锂产业链的韧性。

模型模拟得到的不同情景下中国锂产业链可用产能变化如图 5-5（4）所示。在两种电动汽车需求情景下，国内锂可用产能均呈现增长趋势，且任意情景中到 2030 年可用产能均为 2020 年水平的 3 倍，2050 年可用产能是 2020 年的 20 倍。可见未来在电动汽车快速扩张预期驱动下，国内锂产能增速明显，但产能过剩问题也不可避免①[80]。模型运行结果显示，2010～2020 年，中国锂产业链年平均产能利用为 76%，然而从 2021 年开始，平均年产能利用率仅为 50%。

三、敏感性分析

使用工程经济学中敏感性分析方法，判断模型中各个参数对产出指标的影响程度，也可解决模型初始变量的赋值争议[300]。敏感性分析的一般步骤如下：

一是，确定待观测的主要经济目标。本节主要研究中国锂产业链未来在不同最终可采储量和电动汽车发展需求情景共同作用下的安全状态，主要核心产出变量为总需求量、进口依赖度、价格、可用产能和产能利用率。

二是，明确导致主要经济目标变化的不确定因素是什么以及其变化范围。参考 Sun 等[80]的做法，在系统动力学模型中影响主要产出变量变化的因素可分为模型结构参数和投入参数，上述两种参数往往是根据已有的先验信息设定的，明确其在合理范围内的变动产生的影响对检验模型是否稳健很有必要[301, 302]。现对每一个核心变量的主要参数进行简要说明。影响总需求的主要参数有需求调整延迟、最大消费、基准行业需求弹性、基准价格、EV 锂消费量和 EV 锂消费份额，其中后两个参数为投入参数，其他均为结构参数。进口依赖度的主要影响因素有回收比例、平均寿命、原料

---

① 中国电池网．吴辉：动力电池产能过剩 价格降幅将远超预期 [EB/OL]．[2017-06-23/2021-05-17]．http://www.itdcw.com/news/focus/062202M2017.html．

库存调整时间、积压转换和自然开采率,除自然开采率外其他因素均为结构参数。文章确定了8个价格影响因素,分别为价格对进口的敏感性、价格对库存范围的敏感性、价格对成本的敏感性、期望成本调整时间、库存感知调整时间、调整厂商期望价格时间、初始可变成本占比、调整期望可变成本时间,均为结构变量。可用产能的影响因素是资产利用率、资产平均寿命、资产调整延迟、投资对期望收益的敏感性和长期价格预期调整时间,均为结构变量。产能利用率的影响因素包括4个:产能利用率调整时间、初始成本占比、调整期望可变成本时间和调整短期期望价格的时间,均为结构变量。上述不确定因素分别变化-10%、-5%、5%和10%时引起的主要经济目标的变化即为敏感性分析,如图5-6所示。

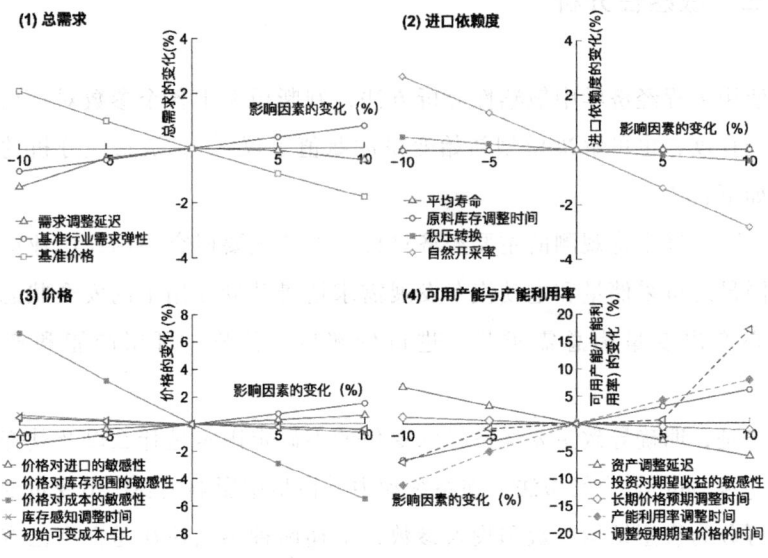

图 5-6　模型主要变量单因素敏感性分析

图 5-6(1)中显示了总需求的敏感性分析结果,上述六个主要参数变化时引起的总需求变化幅度在(-4%,4%)以内。EV 消费份额、EV 消费量两个投入变量的变化没有引起总需求的变化,结构变量中总需求对最大消费参数的取值不敏感。剩下的3个参数中,总需求对基准价格的变化最敏感,但总需求的变化远远小于基准价格的变化。如当基准价格减少10%时,总需求仅减少2%,表明模型在中国锂资源需求子系统结构的设

定上具有稳健性。

进口依赖度的单因素敏感性分析结果，如图 5-6（2）所示。进口依赖度对回收比例、平均寿命和原料库存调整时间的变化不敏感。基准情景下，中国锂回收比例设为 1%，即使锂回收比例扩大 10% 也仅为 1.1%，造成回收再利用的锂资源仍远低于中国锂资源国内供应缺口，因此不会显著改善对国外锂供应的依赖。这一结果显示只有在中国锂回收再利用情况取得明显改善情况下，中国锂进口依赖度才会明显下降。图中结果显示进口依赖度对国内锂产量（即自然开采率）的变化敏感。当国内锂产量降低 10% 时，进口依赖度提高 3%；相反当国内锂产量增加 10% 时，进口依赖度则会降低 3%。中国是全球第六大锂资源国，但限于国内资源开发技术条件短期内增产难度较大。未来降低进口依赖度的可能方向是加大开采技术投入，提高国内资源开发度。

价格对期望成本调整时间，调整厂商期望价格时间以及调整期望可变成本时间不敏感。引起价格变化幅度最大的参数是价格对成本的敏感性参数。可用产能对投资对期望收益的敏感性参数较为敏感。产能利用率对产能利用率调整时间和调整短期期望价格时间的变化最为敏感。初始情景中使用的参数原始值来自已有研究[12, 78, 296]，尽管模型主要目标产出对参数的取值较为敏感，但其自身取值的变化远大于引起的目标产出波动，说明模型具有稳健型。

第四节　新冠疫情短期冲击对中国锂产业链的影响

前文主要研究未来长期中国锂产业链安全状态。此处主要讨论中国锂产业链面临短期供给冲击时的情况。朱学红等[143]研究突发事件对国家金属资源安全的冲击为本书的研究提供了一定思路。朱学红等[143]认为突发事件的发生将会在短期内导致资源供应量的急剧下降而影响国家资源安全。尽管全球锂资源供应在长期内保持稳定，但短期内受突发事件的影响，全球锂供应国资源稳定生产或者锂供应通道的顺畅将会受到威胁。如受新冠疫情影响，全球包括锂、钴在内的众多高技术金属的矿山、冶炼厂和精炼厂被迫关闭[303]。对嵌套进全球产业链的中国锂产业链而言，为了维持下游需求，短期内供求平衡的压力将会使进口锂资源的成本增加，即国内供应的短缺使价格受到额外一单位的冲击。借鉴朱学红等[143]研究了突发事件对金属市场影响的研究，此处设定三个情景，即疫情使进口成本分别额外增加了5%、15%和30%，分别对应弱冲击情景、中冲击情景和强冲击情景。上述三种短期冲击情景开始时间均设定为2020年，且持续2年的时间，以研究额外的短期冲击对国内市场资源价格和产业链的影响，结果如图5-7所示。

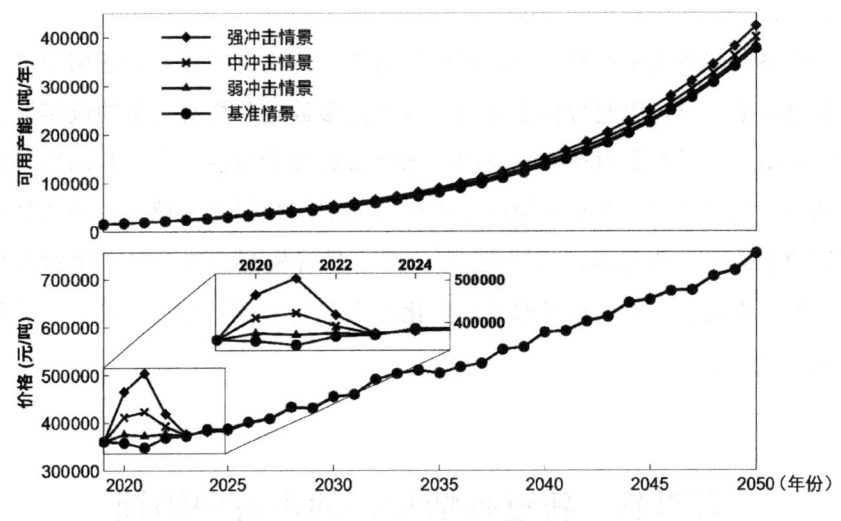

图5-7 疫情造成的短期冲击对中国锂产业链的影响

模型运行结果显示与基准情景相比，2020年起受进口成本增加的影响，中国锂价格短期内将会增加，在2021年达到峰值，并在2023年恢复至正常水平。这一方面表明国内锂产业链能应对短期冲击的影响，但同时也反映了这种吸收效应具有一定的时滞效应。此外，不同冲击程度也会对中国锂价格短期内的变化产生不同的影响。弱冲击情景下，由于进口成本提升幅度相对较小，国内价格涨幅相对较小，2021年此情景下的价格与基准情景价格相比增加了 7%；中冲击情景和强冲击情景下，随着进口成本提升幅度的增加，国内价格上涨幅度也会增加，与 2021 年基准情景价格相比，价格在两种情景下分别上涨了 22% 和 45%。除价格外，疫情造成的短期冲击使可用产能在长期中有增长趋势，且短期冲击越大，可用产能增长迅速。这是由于短期冲击造成的价格上升提高了供应商预期，使厂房、设备等资产投资增加。由于资产建设的延迟属性，短期内价格上涨带来的资产投资增加进而引起的可用产能增长在 2024 年后逐渐显现。但是模型结果显示无论是短期还是长期内，短期价格冲击对产能利用率均没有明显提升。在可用产能扩大的前提下，受短期冲击的影响，未来国内锂产业链产能过剩问题愈加严重。根据企查查统计的中国 2010 年以来锂电池企业注册量，国内锂电池注册企业呈增长趋势。目前，国内锂电池企业达到 4.74 万户，75% 为注册资本低于 1000 万元的中小企业。新冠疫情以来，除 2020 年 2 月新增锂电池企业不超过 200 户外，2020 年锂电池每月新增企业均超过 400 户。2021 年以来，新增锂电池企业注册量与 2020 年相比略有下降，但月均注册量增长仍超过 250 户。另外，新冠疫情并没有提高国内锂电池行业产能利用率。以国内头部企业宁德时代为例，2020 年该公司产能利用率为 74.83%，与 2019 年相比下降了 14.34%。

第五节　本章小结

本章从复杂系统和物质流思想出发，使用系统动力学方法构建了中国锂产业链模型，关注未来在资源约束和电动汽车发展助推需求增长情境下中国锂产业链安全态势，在此基础上模拟了新冠疫情造成的短期冲击对国内锂产业链安全的影响。上述研究显示，按照现有开采速率，中国锂最终可采储量的变化对中国锂产业链安全不会产生显著影响，即到 21 世纪中叶，锂矿石生产速率的变化对国内锂产业链安全提升的作用不明显。而长期内，碳达峰和碳中和目标导向下电动汽车行业的发展会使中国锂需求增长明显,影响未来国内锂产业链安全。由于国内供应缺口的长期存在,短期内,由疫情造成的进口难度的增加会提高中国锂资源获取成本,加剧国内锂价格波动;但随着冲击的结束,国内锂价格将会逐步回落到正常发展态势,反映了当前国内锂产业链具有一定的韧性。

第六章　中国锂产业链安全治理的对策建议

按市场运行规律形成的矿产资源全球治理模式与从国家利益出发形成的国家治理模式的冲突正在加剧[171]。本章首先以美国、澳大利亚、欧盟和日本为例，分别梳理和总结典型关键矿产资源国和资源进口依赖度较高的地区（国家）的关键矿产资源安全治理经验和启示，在此基础上基于上一章构建的中国锂产业链系统动力学模型，提出三种潜在的产业链韧性提升方案，明确方案实施效果。基于总体国家安全观下中国锂产业链安全治理体系框架，结合本书的实证结果提出改善中国锂产业链安全治理的政策建议。

第一节　主要经济体关键矿产资源治理实践及启示

一、美国关键矿产资源概况与治理实践

（一）美国关键矿产资源概况

作为全球典型的资源大国，美国具有丰富的金属和非金属矿产资源。从资源储量视角分析，全球约45%的锗矿，约16%的钼矿和铼矿，约6%的金矿，约8%的铍矿，约0.7%的锆矿均分布在美国，使美国成为全球最

大的铍矿产量国，锆矿产量居全球第四[304]。由于资源种类相对齐全和储量丰富，且美国发布的35种关键矿种清单中绝大多数矿种对外依存度均超过50%[224]，因此陈其慎等[224]认为美国进行关键矿产的一系列部署主要是为了重振美国制造业，保证对军事国防和制造业发展的关键原材料的稳定供应。

（二）美国关键矿产资源治理实践

立足国内，美国在始终坚持地理调查与地质资料数据库建设摸清家底的同时，尝试从矿山尾矿、海水及地热盐水等非常规来源中扩大矿产资源供给源头。美国内政部定期会对美国境内潜在矿床开展资源评估工作。美国地质调查局从20世纪90年代开始构建矿产资源在线空间数据系统①，开启了基础地质图数字化工作，并对公众开放。美国也通过培养采矿工程、材料科学、地质学、产业生态学等跨学科人才，为矿产供应行业的现代化储备专门人才。

为维护本国产业链的稳定，美国通过美国地质调查局、大型跨国公司等积极部署国际地质计划，经略全球矿产资源。利用本国地质勘查累积的先发优势，经由美国地质调查局，美国已经与全球主要资源国在矿产资源调查评价与资源供需形势分析等方面展开了深度合作，已对矿产资源在世界范围内的分布规律与地质作用过程、产地与资源条件甚至是资源开发的环境影响等方面形成了系统性的认识，且正在引起全球矿产资源领域信息传播方式的变化[225]。通过兼并或重组等形成的美国大型跨国公司已经牢牢把握世界矿产资源权益[225]。此外，美国尝试建立矿产资源领域地区贸易规则，保证自身在区域市场的绝对优势与产业链稳定。如纽约商品交易所（COMEX）的期货交易波动影响全球黄金价格[225]，美国牵头成立的自由贸易协定（USTR）以及能源资源治理倡议（ERGI）等双边或多面贸易投资自由化协议，实际上通过强化美国与协议国家的矿产资源联合治理以保证美国铀、镍、钛、铂族金属和钾等矿产资源的稳定供应[225]。

---

① USGS. Mineral Resources Online Spatial Data [EB/OL]. https：//mrdata.usgs.gov [2021-06-17]。

二、澳大利亚关键矿产资源概况与治理实践

(一) 澳大利亚关键矿产资源概况

与美国类似，澳大利亚矿产资源储备丰富，其中铅、镍、铀、锌的储量居世界首位，同时也是全球第一大锂生产国，第二大黄金、铁矿石、铅、锰生产国，第三大钛铁矿、镍、铀和锌生产国，第四大黑煤和白银生产国，第五大铝、褐煤、钻石和铜生产国，以及主要的铝土矿、矾土、金红石、锆和钽生产国①。作为传统的矿业国，澳大利亚关注矿产资源的着眼点在于实现本国矿产资源行业的发展以促进经济发展[224]，因此澳大利亚已发布的 24 种关键矿产资源清单均是自身拥有资源优势的能"卡别人脖子"的矿种。

(二) 澳大利亚关键矿产资源治理实践

以发展矿业、刺激经济增长为根本出发点，澳大利亚实现矿产资源治理的主要方式：一是通过地质调查查明矿产资源潜力；二是通过创造良好的贸易环境吸引国际投资。如澳大利亚地球科学局主导的探索未来项目②，计划通过对潜在的矿产资源、能源与地下水资源的详细勘察，对后续矿产资源开发与管理提供详尽的信息。澳大利亚贸易投资委员会充分发挥政府的外交网络与现有的国际关系，向全球 50 个国家和地区的潜在投资者提供矿产资源合作信息，挖掘多样化融资与合作机会，吸引国际投资。此外，澳大利亚也积极通过联合加拿大等发达经济体制定矿业国际标准，如矿业权评估方法、储量计算标准、矿业国际会计准则等，影响全球矿业规则的制定[225]。

---

① 澳大利亚贸易投资委员会. 澳大利亚采矿和资源行业 [EB/OL]. https：//www. austrade. gov. au/local - sites/china/buy - from - australia/australian - industry - capabilities/mining [2021 - 06 - 17]。

② Australian Government Geoscience Australia. Exploring for the future [EB/OL]. [2021 - 06 - 17]. http：//www. ga. gov. au/eftf。

三、欧盟关键矿产资源概况与治理实践

（一）欧盟关键矿产资源概况

欧盟在非金属和非能源矿产领域基本实现自给自足，但金属矿产与化石燃料的对外依存度高[305]，特别是对中国与俄罗斯的依赖度高[224]。按照欧盟2020年最新版内含30种原材料的关键原材料清单①，以中国为主要供应来源国的矿种有19种，占清单所含原材料品种的63%，其中对中国进口依赖度超过50%的矿种有14种，分别为镁（从中国的进口份额为89%，下同）、重稀土（86%）、轻稀土（86%）、铋（80%）、镓（80%）、锗（80%）、锑（74%）、磷（74%）、天然石墨（69%）、钨（69%）、钒（66%）、金属硅（66%）、萤石（65%）、焦煤（55%）。

（二）欧盟关键矿产资源治理实践

油气时代欧美等国家主要通过大型油气公司形成纵向一体化的卡特尔组织进一步控制资源产业链[305]。未来在新技术革命推动下，欧盟在区域内部资源条件不佳与对全球资源控制力较弱的背景下开展的矿产资源治理实践与美国类似：一方面立足于区域内资源自立，从生产端和使用端共同发力提高资源综合利用效率；另一方面积极布局海外，实现产业链优化。

在生产环节，欧盟在其2008年发布的欧盟原材料倡议中就从矿产资源相关资料收集、开采技术、环境保护等方面提出了实现资源可持续开发的相关策略。在使用环节，欧盟强调加强研发支持实现废物收集和回收利用，进而提高资源综合利用效率[305]。在海外布局环节，欧盟的首要政策是强化与多个矿产资源供应国的双边关系，实现供应的稳定和供应来源的多样化[305]。

在和中国进行的关键原材料贸易中，欧盟充分利用现行WTO贸易框架和既有规则，分别于2012年和2016年发起稀土诉讼案和12种原材料的出口调查案，要求中方解除对稀土出口的配额限制和对12种原材料的出口

---

① EC. Critical raw materials [EB/OL]. [2021-06-17] https://ec.europa.eu/growth/sectors/raw-materials/specific-interest/critical_en.

限制。中国在两个案件中的失败显示了欧盟在既有贸易规则中的主导地位和影响能力[305]。此外，欧盟通过双边与多边贸易协议，在不断加强与OECD和世界银行等区域和全球组织合作的基础上正在逐步实现产业链的稳定。

此外，伦敦金属交易所正在成为全球多个金属资源的国际定价中心[305]。欧盟寄希望于地缘优势依赖伦敦金属交易所展现对金属交易与金属定价的影响力。最后，欧盟作为循环经济、低碳发展与低碳技术、可持续发展的先驱，也正试图用其在上述领域积累的技术优势与经验优势，推广技术标准与行业准则，从而为欧盟带来巨大经济利益[305]。如欧盟正在通过多边政策对话及国际和多边环境协定等方式推广全球塑料协定①，并特别关注"尤其是那些影响到贸易和（或）产品标准的措施"。

四、日本关键矿产资源概况与治理实践

日本资源匮乏，在关键矿产清单中强调政府和企业的通力合作，保证国内资源安全[224]。为实现资源供应来源的多样化，日本与资源国开展了广泛的资源外交。例如，为了降低对中国稀土的依赖，日本除与欧盟、美国一道发起WTO诉讼外，还与越南、澳大利亚、美国等签署稀土共同开发协议[306]。此外，日本一直在积极开发和投资国内近海采矿业和海水提取技术[306]。

五、主要经济体关键矿产资源治理启示

通过对典型经济体关键矿产资源治理实践的梳理，可以发现当前上述主要经济体在关键矿产资源领域的治理逻辑是基于在全球价值链的既得地位，实现"国家资源利益"。例如，作为资源大国的美国和澳大利亚，关键矿产资源治理的目标是实现国内制造业及相关矿产资源行业发展，进而

---

① EC. 引领全球迈向循环经济：现在与展望 [EB/OL]. [2020-03-11/2021-06-18]. https://ec.europa.eu/environment/international_issues/pdf/KH0220687ZHN.pdf。

保证经济的持续健康运行；而关键矿产资源对外依存度相对较高的欧盟和日本，关键矿产资源治理的诉求是降低对单一来源地的路径依赖，确保资源的有限自立。

相比以往各国在全球能源资源治理中强调增加进口来源、保证通道安全以及提高国家储备能力等保障供给侧安全的措施，主要经济体在关键矿产资源治理领域的实践更强调联合主权国家、跨国公司和非政府组织在内的多层次利益共同体，从生产、技术、市场和投资等全产业链环节持续发力，影响全球关键矿产资源治理体系的权力分配。而对广大发展中国家而言，主动参与关键矿产资源治理，就是要实现国家逻辑和市场逻辑的协同发展，提升在全球资源市场的话语权。

因此，当前情景下，主权国家提高关键矿产资源安全治理的现实路径包括：一方面是坚持资源开发、回收利用和替代技术的发展，提高国内资源配置和利用效率；另一方面是充分发挥跨国企业、行业协会和区域合作组织等各类利益相关者的共同作用，谋求在全球关键矿产资源全产业链中高端环节站位。

第二节　中国锂产业链安全提升策略讨论

基于上述研究结论和现有模型结构，本书提出了三种潜在的中国锂产业链安全提升方案：第一种为国内产量刺激策略，该方案依赖资源勘探和开发技术的持续投入，以求在2030年左右实现国内锂年产量的增长；第二种策略为回收再利用策略，该方案着眼于各项循环经济工作的落实，实现从废弃物中回收锂资源比例的扩大；第三种方案则是依赖技术进步，实现下游终端应用领域对锂资源的替代，通过需求的减少，增加国内锂产业链安全性。前文研究显示，到21世纪中叶，中国锂价格维持在75万元/吨左右，供给侧和需求侧的波动对其影响不明显，因此在判断不同潜在方案对中国锂产业链安全的影响时没有关注未来锂价格的变化，而是从进口依赖度相对于基准情景方案下的变化体现潜在政策的有效性。此外，前文分析显示给定未来需求情景下，最终可采储量的变化情景对进口依赖度的变化没有显著影响，因此本节在进行政策分析时以需求增长的保守情景（S11）作为基准情景。

表6-1为本书设定的不同产业链安全提升策略。产量增长情景下政府加大了对国内锂资源勘探和开发基础技术研究的支持力度，使国内锂年产量从2030年起，相比基准情景下年产量分别增加10%，15%或20%。在模型设定中表现为从2030年起国内锂年产量受额外一单位的政策刺激，原料生产率相应提高10%，15%或20%。回收利用情景中，回收比例将会随着国内锂回收利用技术的发展而提高，到2050年分别达到30%或50%。假设下游锂应用替代技术在2030年开始起作用，替代增加情景下，到2050年替代率分别达到20%或50%。在分析单一方案对中国锂产业链安全影响的基础上，本书还设定了两个政策组合情景，在组合保守情景下，上述三种方案均为已设定方案的最小值，组合积极情景为三种单一方案的最大值，以研究政策组合对中国锂产业链安全的作用程度。不同政策情景下中国锂产业链安全发展态势，如图6-1所示。

表6-1　　　　　　　　　政策提升情景设定

单一方案情景			政策组合情景
产量增长情景	回收利用情景	替代增加情景	
10%	30%	20%	保守组合
15%			10%—30%—20%
20%	50%	50%	积极组合
			20%—50%—50%

图中显示的政策情景均是以中国锂发展的S11情景为基准情景得到的结果。未来锂需求的积极情景中政策作用效果与此类似，故省略。产量增长情景下，随着未来锂年产量增长率的增加，进口依赖度下降，与其他情景相比，产量增长带来的进口依赖度降幅有限，这一方面是由于年均产量增幅的设定低于其他情景中相关参数变动幅度的设定，另一方面是出于实际考量：产量每增加1%需要投入的基础研发支出会远远大于回收政策和

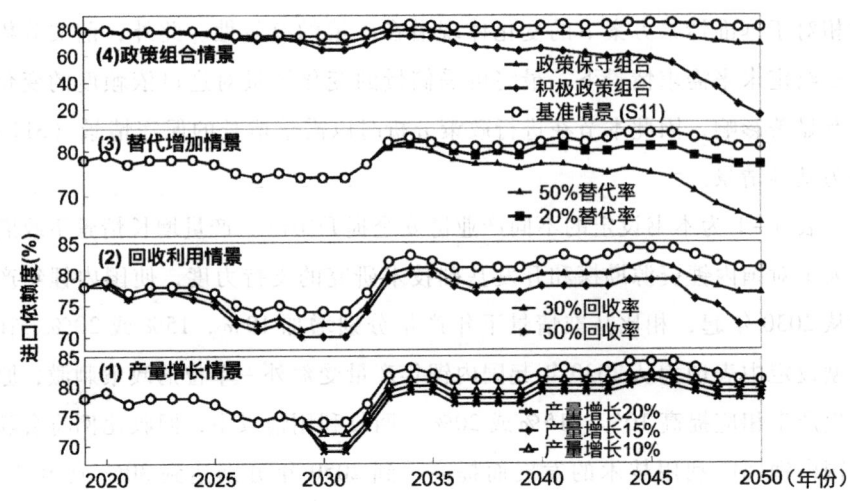

图 6-1 不同政策情景对未来中国锂产业链安全的影响

替代政策。因此,尽管国内锂开采水平的提高有助于降低锂进口依赖水平,提高锂产业链安全,但需要巨大的国家财政支撑。

回收利用政策的实施有助于降低锂进口依赖度。两种情景下中国锂资源进口依赖度与基准情景相比均有下降,且随着回收比例的增长,进口依赖度降幅加大。以 2050 年为例,基准情景下中国锂进口依赖度为 81%,当回收率在 2050 年达到 30% 时,进口依赖度降至 77%,与基准情景比较下降了 4%;而在 2050 年回收率达到 50% 时,进口依赖度降至 72%,此时比基准情景降低了 9%。这表明国内锂回收利用程度的改善对进口依赖程度的改善产生了"规模效应",回收比例增加越多,进口依赖程度改善得越快。

与回收利用情景类似,替代的增加对中国锂进口依赖度的改善有类似作用。比较替代情景和回收利用情景,当两者均在 2050 年达到 50% 时,替代对中国锂产业链安全的作用大于回收情景下的作用,此时中国锂进口依赖度为 64%。这与实际相符,因为替代是在不改变当前终端应用效用的前提下,使用其他材料替代了锂,从而降低了国内锂需求。但替代的发生依赖前期材料替代性研究,从技术成熟到技术应用具有一定的时滞期,且存在较大的不确定性和复杂性,因此在此情景下替代作用设定为从 2030 年开始。

与单一情景下进口依赖度变化情况相比,上述三种政策的组合使用对中国锂产业链安全的改善更明显。政策保守组合情景下,到2050年中国锂进口依赖度降至68%,低于除替代在2050年增加至50%情景外任意单一政策情景下锂进口依赖度。在积极政策组合情景下,未来锂进口依赖度降度更加明显,到2050年进口依赖度仅为15%,基本能够实现"内循环"目标,能够有效提升中国锂产业链安全水平。

上述政策研究只关注了政策实施对中国锂产业链安全的作用效果,并没有关注政策实施的成本。在实际中,上述政策的实施成本会最终反映到供求关系中,并通过价格变化反过来影响政策实施决策。

第三节 提升中国锂产业链安全治理水平的政策建议

基于当前主要经济体关键矿产资源治理实践,结合对中国锂产业链安全现状与未来国内锂产业链安全发展的讨论,本书认为通过增加来源多样性、提高储备等降低对外依存度为目标的传统保障矿产资源安全的方式已经不再适用总体国家安全观下以锂资源为代表的与战略性新兴产业发展相关的矿产资源安全治理的需求。伴随矿产资源价值链与国际贸易发展,中国锂产业链安全治理必须以全球价值链为基础,在实现国内锂资源可持续开发与利用的前提下,深化国际与区域合作。因此,本书从主权逻辑与市场逻辑结合的视角就落实总体国家安全观下锂产业链安全治理体系提出以下政策建议。

一、提升国内产业链韧性

在国内,中国锂资源治理的底层逻辑是通过国家层面从产业政策向竞争政策的转型,充分引导国内市场高效稳定运行,从资源开发、回收利用和替代技术等维度，提高国内锂资源供应对国内需求增长的响应能力。

1. 进一步扩大锂资源普查范围，坚持科技引领，夯实锂资源开发利用技术研发工作。开展概略研究，加深锂资源勘探工作程度，详细查明矿床地质特征，评价项目的经济意义，研判国内锂矿床的可供性。目前国内已经以松潘—甘孜、阿尔泰、藏北和柴达木盆地为重点区域开展了锂资源调查，需要在此基础上优选出找矿远景区与重点勘查区，完成对重点地区从普查、详查到勘探的矿产资源勘查工作，明确国内锂矿床的空间分布、矿石质量等地质特征与品位连续性的可靠程度；在此基础上对地质可靠程度较高的矿床在考虑地质、技术、环境和经济等要素的基础上完成可供性评价，为锂资源开发提供翔实的地质数据。本书对锂产量刺激情景的研究表明，未来中国锂产量的增加对降低进口依赖度有作用进而提高锂产业链安全，但需要巨大的国家财政支撑，这需要依靠国家力量开展盐湖卤水提锂与综合开发利用技术等的科技攻关工作[7]，一方面通过改进锂资源开发技术提高锂产量，另一方面也可以实现与锂伴生的钾、铍、铌、钽、镁等金属的综合利用，降低开发成本。

2. 以物联网技术和大数据技术为支撑，加快锂资源回收利用体系的建设，增加国内锂资源的二次资源供应。本书研究显示，国内锂回收利用程度的改善对进口依赖程度的下降具有"规模效应"，回收利用程度越高，进口依赖程度降低越迅速。考虑到未来需求巨大的新能源汽车市场和技术回收的可行性。在废旧汽车中，锂电池的回收潜力应该受到更多关注。欧盟和日本已经针对电动汽车锂离子电池的回收出台了相应的政策[89]。中国也在 2012 年印发的《节能与新能源汽车产业发展规划（2012～2020年）》①中指出要"做好……电池回收利用，……构建电池回收利用体系，……制定动力电池回收利用管理办法，建立动力电池梯级利用和回收管理体系"。目前，国内废旧动力锂电池回收量远远低于报废量，回收网

---

① 中华人民共和国中央人民政府. 国务院印发节能与新能源汽车产业发展规划（2012～2020 年）的通知 [EB/OL]. [2012 - 07 - 09/2021 - 06 - 18]. http：//www.gov.cn/zwgk/2012 - 07/09/content_ 2179032.htm．

络尚不完善,尚未形成规模化回收处理能力[1]。未来可能的技术方案是依托智能物联网技术与大数据技术建立废旧锂动力电池"绿色智慧型"回收体系[307],囊括材料供应商、电池生产商、设备制造商、储能企业、车企和动力电池终端用户等全产业链多元参与方,实现对锂电池从前端跟踪到末尾回收的全生命周期管理,构建完善的废旧动力电池产品回收标准,开发动力电池梯级利用技术,有效实现二次锂资源的回收利用。

3. 积极推动动力锂电池替代技术的研发工作,围绕产业链布置创新链,围绕创新链布局产业链,减少汽车动力电池对锂资源的依赖。本书实证结果显示,锂替代政策对中国锂产业链安全的正向作用大于锂回收政策。未来可能的方向是走以钠离子电池技术和氢燃料电池技术为代表的电池多元化技术路线。2021年7月,国内新能源汽车动力电池头部企业宁德时代发布第一代钠离子电池[2],电芯能量密度达到160Wh/kg,略低于磷酸铁锂电池,但在高功率用电场景与快充方面具有一定优势。未来可通过钠离子电池与锂离子电池的混合集成使用,一方面能降低锂资源的使用量;另一方面改善钠离子电池能量密度低的缺点。2019年政府工作报告中首次提出要"推动……加氢等设施建设"[3],此后出台一系列政策引导氢能和氢燃料电池技术的研发工作。目前,氢燃料电池商用车已应用在物流配送与公共出行领域,但在乘用车市场还未实现商业化运营。未来随着氢燃料电池电堆的核心零部件相关生产技术的突破,以及制氢、储运和加氢站基础设施的一体化产业链布局,有望推动氢燃料电池汽车产业化,降低对纯电驱动的锂电池汽车的需求。

4. 发挥市场在资源配置中的基础作用,打造服务型政府,维护市场秩序。本书实证结果显示当前形成的国内锂资源生产、需求和价格体系对产业链面临的长期供给侧和需求侧压力具有一定的韧性,表现了市场规律对

---

[1] 头豹研究院. 2019年中国动力锂电池回收处理行业概览 [EB/OL]. [2020 - 07 - 31/2021 - 06 - 18]. https://pdf.Dfcfw.com/pdf/H3_ AP202007311395496382_ 1.pdf? 1596207341000.pdf。

[2] 宁德时代. 第一代钠离子电池发布会精彩回放 [EB/OL]. (2021 - 07 - 29) [2021 - 09 - 20]. https://www.catl.com/news/1029.html。

[3] 中华人民共和国中央人民政府. 政府工作报告 [EB/OL]. (2019 - 03 - 16) [2021 - 09 - 20]. http://www.gov.cn/premier/2019 - 03/16/content_ 5374314.htm。

现有锂资源供需的调节作用，体现了锂资源的商品属性。但模型运行结果同时也显示了中国锂产业链面临产能利用率不足的问题；且在新冠疫情短期冲击的影响下，价格上升造成供应商预期的增加，加剧未来国内锂产业链产能过剩问题。因此在遵循市场规律形成具有良性竞争格局的国内锂资源市场，实现市场对资源的直接分配的同时，也需要政府从发展战略性新兴产业出发加强对国内锂产业的统一规划，优化资源配置，如培育大型企业上下游一体化经营，实现产业链的良好运转，解决产能过剩问题，再如要推进产业政策向竞争政策转型，建设持续稳定的创新文化和营商环境，鼓励企业长期专注于产业链供应链的细分环节，杜绝跟风投资。

二、提高资源全球治理能力

在全球市场，以全球价值链为基础，依托跨国企业、行业协会和一带一路区域合作倡议等各类利益相关者，深化锂资源区域与国际合作，提高锂资源全球治理的包容性。

1. 鼓励国内大型企业积极布局海外，获得全球锂资源权益，提高与下游整车厂的博弈能力。针对全球全产业链贸易格局的分析显示，全球锂贸易愈加频繁且集中性特征明显，超过80%的锂贸易集中发生在20%的国家之间，全球锂贸易格局的演化随着新技术催生的锂需求正在发生由锂生产国主导向锂需求国主导的重要转变，未来锂需求国在全球全产业链锂贸易中的影响将会增强。中国作为全球主要的锂生产国与最大的锂需求国，在当前全球贸易格局变化的背景下，已经通过大型企业开发海外锂资源所有权、促进下游产品出口等方式，增强了在全球锂产业链中的优势。未来还应继续鼓励企业通过资产重组或项目互换等方式，加强对全球上游锂资源的掌控，加大海外优质锂资源的开发力度。另一方面是强化国内电池生产商在与下游整车厂商博弈中的谈判能力。以宁德时代和比亚迪为代表的中国电池生产企业，通过CTP技术和刀片电池技术降低了电池成本，提高了能量密度，已经与特斯拉、大众、宝马等全球主要整车厂商建立了良好的合作关系。未来国内主要电池供应商可进一步通过与头部整车厂商的战略合作，促进电池技术的研发和革新，力求跻身全球动力电池供应第一梯队。

2. 加强行业级合作。一方面，成立锂资源综合利用行业协会，组建盐湖锂资源开发国家技术联盟等，强调产学研结合，推动《新能源汽车废旧动力蓄电池综合利用行业规范条件》在区域内的设立和推广工作，牵头制定和实施锂资源综合利用行业标准。另一方面，积极开展锂资源外交，不断深化相关领域国际合作，深化锂资源全球治理，妥善应对资源东道国政局突变、中美贸易战、新冠疫情等不确定性事件对锂资源产业链的冲击，努力推进锂资源产业链全球格局向公平、共赢和可持续方向不断发展。

3. 依托"一带一路"倡议和亚洲基础设施投资银行，加强与全球锂资源国和需求国在基础设施、贸易、技术及相关设备的联系和交流，为后续全球锂资源跨境回收系统的建立提供技术、信息与设备支撑。基于与已有国家的合作基础，国家可尝试建立海外锂矿山开发投资指南，积极引导企业在南美洲阿根廷、津巴布韦、智利等优质锂资源区的布局和开发，为中国企业在海外开发锂资源降低政治风险。同时，也能避免当前海外锂资源投资过度集中于澳大利亚等高成本区潜在的市场风险，构建合理的海外锂资源供应体系。

4. 在金融领域，发挥上海期货交易所对地区现货市场价格的影响，争夺锂矿定价权。芝加哥商品交易所与伦敦金属交易所分别于今年5月和7月上线了锂矿期货交易合约，其中前者以中日韩CIF氢氧化锂价格作为结算标的，后者以Fastmarkets的氢氧化锂价格进行现金结算。氢氧化锂期货合约有望提升锂盐市场价格透明度，成为重要的价格风险管理工具。中国应发挥上海期货交易所有色金属期货价格指数对地区有色金属现货市场交易价格的影响，利用中国在锂全产业链产品贸易的既有地位形成对全球锂价格的影响力。

第四节　本章小结

本章梳理了主要发达国家关键矿产资源治理的经验，分析了产量刺激策略、回收再利用策略和技术进步策略对中国锂产业链安全水平的影响。在此基础上，结合本书实证结果与中国锂产业链安全治理体系框架，从立足国内提升产业链韧性和着眼全球提高资源治理能力两个视角出发，给出提高中国锂产业链安全治理能力的政策建议。

第七章 主要结论

关键矿产资源对战略性新兴产业的不断发展和国防建设具有支撑作用，中国作为全球主要的矿产资源大国、生产大国与消费大国，在全球主要经济体在矿产资源领域的博弈不可避免的现实背景下，有必要发挥大国内需主导国内可循环优势，通过管控供应链、产业链、价值链、创新链、多链耦合引致的风险，创造有利于新技术大规模应用的国内环境，提高矿产资源产业链韧性，提升关键资源产业链安全水平以支撑和保障国家安全，同时实现人类共同安全目标。中国作为全球主要的新能源汽车生产国和消费国，随着碳中和目标和交通领域提前达峰等政策目标的逐步实施，未来电动汽车需求将会进一步扩张，带动作为电动汽车动力电池主要原料的锂资源需求进一步扩大，引发对锂资源供求稳定性和锂产业链安全问题的担忧。本书基于矿产资源安全评价理论、国家资源治理理论与全球价值链治理理论，阐明了总体国家安全观下矿产资源安全的新诉求，提出了国家锂产业链安全分析框架与中国锂产业链安全治理体系框架。全面梳理锂资源全球全产业链资源分布、生产、消费和贸易基本格局，明确了当前中国在全球锂产业链中的地位，并判断了未来中国锂资源供给与新能源汽车产业发展预期下的锂资源需求形势。构建了中国锂产业链安全评价指标体系，对中国锂资源供应安全水平进行事后评价。采用情景分析方法模拟了未来中国锂产业链安全态势，并提出了提升中国锂产业链安全治理水平的政策建议。本书的主要研究结论可概括如下：

1. 当前国际国内环境不确定性和不稳定性根源于新一轮科技革命与产业变革引发的生产力和生产关系的深刻调整以及新冠疫情引发的全球价值链收缩与产业空间集聚化趋势。为应对国际国内环境的不确定性和不稳定性，总体国家安全观下矿产资源安全的新诉求体现在资源需求赤字已成为影响资源成本的关键，需要发挥超大规模国内市场优势，管控供应链、产业链、价值链、创新链多链耦合引致的风险，一方面提高矿产资源产业链韧性；另一方面以人类命运共同体为目标实现共同安全。在总体国家安全观下，锂产业链安全就是一方面关注国内需求，致力于通过市场机制提高产业链韧性以应对国内供应不足对需求的冲击；另一方面，体现负责任大国维护人类命运共同体发展的决心与使命，联合全球全产业链多层次主体，管控供应链、产业链、价值链、创新链多链耦合引致的风险。中国锂产业链安全治理就是要综合考虑国家意志与市场力量协同，在国内通过从产业政策向竞争政策的转型，充分引导国内市场高效稳定运行，从资源开发、回收利用和替代技术等维度，提高国内锂资源供应对国内需求增长的响应能力；在全球视角，以全球价值链为基础，深化锂价值链上各类利益相关者在区域与国际层面的合作，提高锂资源全球治理的包容性。

2. 全球锂资源分布、生产、消费和贸易的集中性特征明显，超过80%的锂贸易集中发生在20%的国家之间。由于锂需求市场的贸易能力与影响力强劲，全球锂贸易格局的演化随着新技术催生的锂需求正在发生，由锂生产国主导向锂需求国主导的重要转变，未来锂需求国在全球全产业链锂贸易中的影响将会增强。中国是全球锂经济可采储量第四大国，但锂盐产量不高，依赖从智利和澳大利亚进口的初级锂资源成为全球最大的锂中间品和最终产品制造大国，同时也是全球最大的含锂产品消费国；当前中国在全球全产业链锂贸易中的贸易能力良好、多元化特征明显，但贸易影响力不足。

3. 参照历史开采速率估计，中国锂资源产量将在2070～2090年达峰，且在2050年前，不同最终可采储量情景下国内锂产量差别较小，预计2030年产量在1.4×10^4吨左右，到2050年产量增长至4×10^4吨左右。中国新能源汽车发展将会极大促进国内锂需求，到2030年仅新能源汽车领域消费的锂资源量预计达到$(2～5) \times 10^4$吨，到2050年增长至$(9～14) \times 10^4$吨。通过对未来中国锂供应和新能源汽车发展情景的锂需求的判断可知，仅依赖国内锂供应无法满足国内锂需求，未来中国锂产业链安全形势

第七章　主要结论 | 147

严峻。

4. 考虑全球资源供应稳定，国内经济安全以及全球产业链中各类参与者的优态共存性三个子目标的总体国家安全观下中国锂产业链安全分析框架，能够有效反映中国经济转型期的发展需要与全球治理需求，可以有效地估算中国锂资源的安全水平，并且可被调整以评估其他关键矿产资源的安全程度。中国锂产业链安全水平不断提高，与优态共存子目标的变化密切相关。国内资源经济安全子目标是制约中国锂产业链安全提高的短板，立足新发展格局背景，未来中国锂产业链安全优化的方向是提高国内产业链安全。

5. 本书对未来中国到2050年国内锂产业链运行的判断如下：未来电动汽车产业的锂需求将会是国内锂需求增长的主要驱动因素。新能源汽车产业发展使中国锂资源总需求量在2030年达到 $(5.5 \sim 15.5) \times 10^4$ 吨，到2050年达到 $(21.8 \sim 33.3) \times 10^4$ 吨。在供给端，国内锂资源最终可采储量对国内锂总需求量的影响较小，这是因为本书假设到21世纪中叶前，国内锂开采条件不会发生明显变化，因此到2050年前国内锂产量将会平稳增长，年产量尚未达峰，且到2050年国内累计锂产量预计为 $(75 \sim 77) \times 10^4$ 吨，远低于国内探明储量。未来中国锂进口依赖度的变化与电动汽车发展的锂需求密切相关。在电动汽车发展的保守情景下，中国锂进口依赖度在2030年为74%，到2050年上升到81%，低于电动汽车发展的积极情景。电动汽车发展的积极情景下，中国锂资源进口依赖度到2030年达到91%，并在2050年时始终维持在88%左右。国内锂价格从2020年的36万元/吨升至2030年的45万元/吨，并持续上升到2050年的75万元/吨。国内锂可用产能均呈现增长趋势，任意情景下，到2030年可用产能均为2020年水平的3倍，2050可用产能是2020年的20倍。未来在电动汽车快速扩张预期驱动下，国内锂产能增速明显，但产能过剩问题也不可避免。

6. 假设2020年新冠疫情引起的中国进口锂资源进口成本额外增加，并持续2年，这将造成国内锂价格短期内上涨，在2021年达到峰值，并在2023年恢复至正常水平。这一方面表明国内锂产业链能应对短期冲击的影响，但同时也反映了这种吸收效应具有一定的时滞效应。此外，不同冲击程度也会对中国锂价格短期内的变化产生不同的影响。弱冲击情景下，由于进口成本提升幅度相对较小，国内价格涨幅较小；中冲击情景和强冲击情景下，随着进口成本提升幅度的增加，国内价格上涨幅度也会增加。除价格外，疫情造成的短期冲击使可用产能在长期中有增长趋势，使国内锂产业链产能过剩问题愈加严重。

7. 基于对主要发达经济体关键矿产资源治理实践的梳理，依托总体国家安全观下的中国锂产业链安全治理体系框架，本书从强化国家逻辑与市场力量协同出发，从立足国内提升产业链韧性和着眼全球提高资源治理能力两个视角出发，给出中国提高锂产业链安全治理的八条建议。

参考文献

[1] 王安建,代涛,刘固望. GDP 增速的"S"形演变轨迹——增速放缓背景下的中国矿产资源需求趋势——增速放缓背景下的中国矿产资源需求趋势[J]. 地球学报, 2016, 37 (5): 563 - 568。

[2] 王安建,王高尚,周凤英. 能源和矿产资源消费增长的极限与周期[J]. 地球学报, 2017, 38 (1): 3 - 10。

[3] 王安建,王高尚,陈其慎,等. 矿产资源需求理论与模型预测[J]. 地球学报, 2010, 31 (2): 137 - 147。

[4] 王安建,高芯蕊. 中国能源与重要矿产资源需求展望[J]. 中国科学院院刊, 2020, 35 (3): 338 - 344。

[5] 宋大伟. 新阶段我国战略性新兴产业发展思考[J]. 中国科学院院刊, 2021, 36 (3): 328 - 335。

[6] 李鹏飞,杨丹辉,渠慎宁,等. 稀有矿产资源的战略性评估——基于战略性新兴产业发展的视角[J]. 中国工业经济, 2014 (7): 44 - 57。

[7] 中国地质调查局. 中国锂矿资源调查报告[R]. 北京:中国地质调查局, 2016。

[8] 吴巧生,成金华. 提升资源供给风险应对能力须未雨绸缪[N]. 中国矿业报, 2020 - 01 - 07 (1)。

[9] 吴巧生,周娜,成金华. 战略性关键矿产资源供给安全研究综述与展望[J]. 资源科学, 2020, 42 (8): 1439 - 1451。

[10] 王安建,王高尚,邓祥征,等. 新时代中国战略性关键矿产资源安全与管理[J]. 中国科学基金, 2019, 33 (2): 133 - 140。

[11] GREIM P, SOLOMON A A, BREYER C. Assessment of lithium crit-

icality in the global energy transition and addressing policy gaps in transportation [J]. Nature Communications, 2020, 11 (1): 4570。

[12] SHAO L, JIN S. Resilience assessment of the lithium supply chain in China under impact of new energy vehicles and supply interruption [J]. Journal of Cleaner Production, 2020, 252: 119624。

[13] 郭娟, 崔荣国, 邢佳韵, 等. 全球锂供需分析及展望 [J]. 中国矿业, 2017, 26 (11): 27 – 31。

[14] USGS. Lithium Statistics and Information [EB/OL]. (2021 – 01 – 01) [2021 – 08 – 30]. https://www.usgs.gov/centers/nmic/lithium – statistics – and – information。

[15] ROSKILL. Lithium – Ion Batteries Outlook to 2028 3rd edn [EB/OL]. (2019 – 06 – 30) [2021 – 08 – 30]. https://roskill.com/market – report/lithium – ion – batteries/。

[16] GROSJEAN C, MIRANDA P H, PERRIN M, et al. Assessment of world lithium resources and consequences of their geographic distribution on the expected development of the electric vehicle industry [J]. Renewable and Sustainable Energy Reviews, 2012, 16 (3): 1735 – 1744。

[17] UNCC. United Nations Framework Convention on Climate Change [EB/OL]. 2019, [2021 – 08 – 30]. https://unfccc.int/process – and – meetings/the – convention/what – is – the – united – nations – framework – convention – on – climate – change。

[18] ZHANG L, QIN Q. China's new energy vehicle policies: Evolution, comparison and recommendation [J]. Transportation Research Part A: Policy and Practice, 2018, 110: 57 – 72。

[19] ZHANG X, LIANG Y, YU E, et al. Review of electric vehicle policies in China: Content summary and effect analysis [J]. Renewable and Sustainable Energy Reviews, 2017, 70: 698 – 714。

[20] ZHEN W, QIN Q, WEI Y M. Spatio – temporal patterns of energy consumption – related GHG emissions in China's crop production systems [J].

Energy Policy, 2017, 104 (2): 74-84.

[21] 王建伟, 宋庆亮, 高洁. 交通运输业能源消耗结构预测模型 [J]. 武汉理工大学学报（交通科学与工程版）, 2013, 37 (3): 509-512.

[22] 陈俊武, 陈香生. 中国中长期碳减排战略目标初探（Ⅶ）——中国能源需求暨碳排放情景分析讨论 [J]. 中外能源, 2011, 16 (11): 1-19.

[23] GASS V, SCHMIDT J, SCHMID E. Analysis of alternative policy instruments to promote electric vehicles in Austria [J]. Renewable Energy, 2014, 61: 96-101.

[24] ZHANG X, BAI X. Incentive policies from 2006 to 2016 and new energy vehicle adoption in 2010-2020 in China [J]. Renewable and Sustainable Energy Reviews, 2017, 70: 24-43.

[25] WU Y, YANG Z, LIN B, et al. Energy consumption and CO_2 emission impacts of vehicle electrification in three developed regions of China [J]. Energy Policy, 2012, 48 (5): 37-50.

[26] HOWELL S, LEE H, HEAL A. Leapfrogging or Stalling Out? Electric Vehicles in China. Discussion Paper Belfer Center for Science and International Affairs [EB/OL]. (2014-05-01) [2021-08-30]. https://www.belfercenter.org/publication/leapfrogging-or-stalling-out-electric-vehicles-china.

[27] ZHOU N, WU Q, HU X. Research on the Policy Evolution of China's New Energy Vehicles Industry [J]. Sustainability, 2020, 12 (9): 3629.

[28] 李宪海, 王丹, 吴尚昆. 我国战略性矿产资源评价指标选择: 基于美国, 欧盟等关键矿产名录的思考 [J]. 中国矿业, 2014 (4): 33-30.

[29] 王登红. 战略性关键矿产相关问题探讨 [J]. 化工矿产地质, 2019, 41 (2): 65-72.

[30] NRC. Minerals, Critical Minerals, and the U.S. Economy [EB/OL]. Washington, DC: The National Academies Press, 2008. https://www.

nap. edu/resource/12034/ critical_ minerals_ final. pdf.

[31] EC. Critical Raw Materials for the EU - - Report of the Ad - Hoc Working Group on Defining Critical Raw Materials [EB/OL]. (2014 - 05 - 26) [2021 - 08 - 30]. https://ec. europa. eu/commission/presscorner/detail/en/MEMO_ 14_ 377.

[32] EC. Communication on the list of critical raw materials 2011 [EB/OL]. 2011. https://eur - lex. europa. eu/legal - content/EN/TXT/? uri = CELEX: 52011DC0025.

[33] EC. Communication on the list of critical raw materials 2014 [EB/OL]. 2014. https://eur - lex. europa. eu/legal - content/EN/TXT/? uri = CELEX: 52014DC0297.

[34] EC. Communication on the list of critical raw materials 2017 [EB/OL]. 2017. https://eur - lex. europa. eu/legal - content/EN/TXT/? uri = CELEX: 52017DC0490.

[35] GRAEDEL T E, BARR R, CHANDLER C, et al. Methodology of Metal Criticality Determination [J]. Environmental Science & Technology, 2012, 46 (2): 1063 - 1070.

[36] NASSAR N T, BARR R, BROWNING M, et al. Criticality of the Geological Copper Family [J]. Environmental Science & Technology, 2012, 46 (2): 1071 - 1078.

[37] DRIELSMA J A, RUSSELL - VACCARI A J, DRNEK T, et al. Mineral resources in life cycle impact assessment - defining the path forward [J]. The International Journal of Life Cycle Assessment, 2016, 21 (1): 85 - 105.

[38] ACHZET B, HELBIG C. How to evaluate raw material supply risks - an overview [J]. Resources Policy, 2013, 38 (4): 435 - 447.

[39] GLÖSER S, ESPINOZA L T, GANDENBERGER C, et al. Raw material criticality in the context of classical risk assessment [J]. Resources Policy, 2015, 44: 35 - 46.

［40］ROSENAU-TORNOW D, BUCHHOLZ P, RIEMANN A, et al. Assessing the long-term supply risks for mineral raw materials-a combined evaluation of past and future trends［J］. Resources Policy, 2009, 34（4）: 161-175。

［41］唐金荣, 杨宗喜, 周平, 施俊法. 国外关键矿产战略研究进展及其启示［J］. 地质通报, 2014, 33（9）: 1445-1453。

［42］陈其慎, 王高尚. 我国非能源战略性矿产的界定及其重要性评价［J］. 中国国土资源经济, 2007, 20（1）: 18-21, 44, 47。

［43］李芳琴. 稀有矿产资源经济重要性评估［J］. 中国矿业, 2018, 27（11）: 59-63, 73。

［44］VIKSTRÖM H, DAVIDSSON S, HÖÖK M. Lithium availability and future production outlooks［J］. Applied Energy, 2013, 110: 252-266。

［45］CALVO G, VALERO A, VALERO A. Assessing maximum production peak and resource availability of non-fuel mineral resources: Analyzing the influence of extractable global resources［J］. Resources, Conservation and Recycling, 2017, 125: 208-217。

［46］全国标准信息公共服务平台. 固体矿产资源储量分类［EB/OL］. 2020, http://std.samr.gov.cn。

［47］USGS. Mineral Commedity Summaries 2021［EB/OL］. 2021, https://pubs.usgs.gov/periodicals/mcs2021/mcs2021.pdf。

［48］BARTLETT A A. A depletion protocol for non-renewable natural resources: Australia as an example［J］. Natural Resources Research, 2006, 15（3）: 151-164。

［49］SVERDRUP H U, RAGNARSDOTTIR K V, KOCA D. On modelling the global copper mining rates, market supply, copper price and the end of copper reserves［J］. Resources, Conservation and Recycling, 2014, 87: 158-174。

［50］RAGNARSDÓTTIR K V, SVERDRUP H, KOCA D. Assessing long term sustainability of global supply of natural resources and materials［M］// GHENAI C. Sustainable Development-Energy, Engineering and Technologies-

Manufacturing and Environment. Rijeka: Intech, 2012.

[51] SONG Y, ZHANG M, SUN R. Using a new aggregated indicator to evaluate China's energy security [J]. Energy Policy, 2019, 132: 167-174.

[52] HARMSEN J H M, ROES A L, PATEL M K. The impact of copper scarcity on the efficiency of 2050 global renewable energy scenarios [J]. Energy, 2013, 50: 62-73.

[53] FEYGIN M, SATKIN R. The oil reserves-to-production ratio and its proper interpretation [J]. Natural Resources Research, 2004, 13 (1): 57-60.

[54] SCHOLZ R W, WELLMER F W. Approaching a dynamic view on the availability of mineral resources: What we may learn from the case of phosphorus? [J]. Global Environmental Change, 2013, 23 (1): 11-27.

[55] HUBBERT M K. Techniques of prediction with applications to petroleum industry [J]. AAPG Bulletin, 1959, 43 (7): 1767-1768.

[56] TILTON J E. The Hubbert peak model and assessing the threat of mineral depletion [J]. Resources, Conservation and Recycling, 2018, 139: 280-286.

[57] ANDERSON K B, CONDER J A. Discussion of multicyclic Hubbert modeling as a method for forecasting future petroleum production [J]. Energy & Fuels, 2011, 25 (4): 1578-1584.

[58] ESPINOZA V S, FONTALVO J, MARTÍ-HERRERO J, et al. Future oil extraction in Ecuador using a Hubbert approach [J]. Energy, 2019, 182: 520-534.

[59] CORDELL D, DRANGERT J O, WHITE S. The story of phosphorus: Global food security and food for thought [J]. Global Environmental Change, 2009, 19 (2): 292-305.

[60] 李天骄, 梁海峰, 李建武, 等. 基于 Hubbert 峰值模型的中国有色金属产量峰值研究 [J]. 中国矿业, 2019, 28 (7): 75-80.

[61] CHAVEZ-RODRIGUEZ M F, SZKLO A, DE LUCENA A F P.

Analysis of past and future oil production in Peru under a Hubbert approach [J]. Energy Policy, 2015, 77: 140-151.

[62] 陈元千. 广义翁氏模型与水驱曲线的联解法 [J]. 新疆石油地质, 1999, (2): 58-64, 96.

[63] WANG J, FENG L, ZHAO L, et al. A comparison of two typical multicyclic models used to forecast the world's conventional oil production [J]. Energy Policy, 2011, 39 (12): 7616-7621.

[64] WANG X, LEI Y, GE J, et al. Production forecast of China's rare earths based on the Generalized Weng model and policy recommendations [J]. Resources Policy, 2015, 43: 11-18.

[65] RUSTAD J R. Peak Nothing: Recent Trends in Mineral Resource Production [J]. Environmental Science & Technology, 2012, 46 (3): 1903-1906.

[66] WELLMER F-W, SCHOLZ R W. Peak minerals: What can we learn from the history of mineral economics and the cases of gold and phosphorus [J]. Mineral Economics, 2017, 30 (2): 73-93.

[67] GRUBER P W, MEDINA P A, KEOLEIAN G A, et al. Global lithium availability: A constraint for electric vehicles? [J]. Journal of Industrial Ecology, 2011, 15 (5): 760-775.

[68] MOHR S H, MUDD G M, GIURCO D. Lithium Resources and Production: Critical Assessment and Global Projections [J]. Minerals, 2012, 2: 65-84.

[69] SUSLICK S B, HARRIS D P. Long-range metal consumption forecasts using innovative methods: the case of aluminium in Brazil to the year 2000 [J]. Resources Policy, 1990, 16 (3): 184-199.

[70] 高芯蕊, 王安建. 基于"S"规律的中国钢需求预测 [J]. 地球学报, 2010, 31 (5): 645-652.

[71] JAUNKY V C. Is there a material Kuznets curve for aluminium? Evidence from rich countries [J]. Resources Policy, 2012, 37 (3): 296-307.

[72] MEHMANPAZIR F, KHALILI – DAMGHANI K, HAFEZALKOTOB A. Modeling steel supply and demand functions using logarithmic multiple regression analysis (case study: Steel industry in Iran) [J]. Resources Policy, 2019, 63: 101409。

[73] ELSHKAKI A, GRAEDEL T E, CIACCI L, et al. Copper demand, supply, and associated energy use to 2050 [J]. Global Environmental Change, 2016, 39: 305 – 315。

[74] 崔晓林. 中国锂矿资源需求预测及供需分析 [D]. 北京：中国地质大学（北京），2017。

[75] VAN DER VOET E, VAN OERS L, VERBOON M, et al. Environmental Implications of Future Demand Scenarios for Metals: Methodology and Application to the Case of Seven Major Metals [J]. Journal of Industrial Ecology, 2019, 23 (1): 141 – 155。

[76] YANG H, ZHANG S, YE W, et al. Emission reduction benefits and efficiency of e – waste recycling in China [J]. Waste Management, 2020, 102: 541 – 549。

[77] SVERDRUP H U. Modelling global extraction, supply, price and depletion of the extractable geological resources with the LITHIUM model [J]. Resources, Conservation and Recycling, 2016, 114: 112 – 129。

[78] CHOI C H, CAO J, ZHAO F. System Dynamics Modeling of Indium Material Flows under Wide Deployment of Clean Energy Technologies [J]. Resources, Conservation and Recycling, 2016, 114: 59 – 71。

[79] LIU D, GAO X, AN H, et al. Supply and demand response trends of lithium resources driven by the demand of emerging renewable energy technologies in China [J]. Resources, Conservation and Recycling, 2019, 145: 311 – 321。

[80] SUN X, HAO H, ZHAO F, et al. The Dynamic Equilibrium Mechanism of Regional Lithium Flow for Transportation Electrification [J]. Environmental Science & Technology, 2019, 53 (2): 743 – 751。

[81] KESLER S E, GRUBER P W, MEDINA P A, et al. Global lithium

resources: Relative importance of pegmatite, brine and other deposits [J]. Ore geology reviews, 2012, 48: 55 – 69。

[82] WANGER T C. The Lithium future – resources, recycling, and the environment [J]. Conservation Letters, 2011, 4 (3): 202 – 206。

[83] YAKSIC A, TILTON J E. Using the cumulative availability curve to assess the threat of mineral depletion: The case of lithium [J]. Resources Policy, 2009, 34 (4): 185 – 194。

[84] 邢佳韵, 彭浩, 张艳飞, 等. 世界锂资源供需形势展望 [J]. 资源科学, 2015, 37 (5): 988 – 997。

[85] HARVEY L D. Resource implications of alternative strategies for achieving zero greenhouse gas emissions from light – duty vehicles by 2060 [J]. Applied energy, 2018, 212: 663 – 679。

[86] MARTIN G, RENTSCH L, HÖCK M, et al. Lithium market research – global supply, future demand and price development [J]. Energy Storage Materials, 2017, 6: 171 – 179。

[87] ZENG X, LI J. Implications for the carrying capacity of lithium reserve in China [J]. Resources, Conservation and Recycling, 2013, 80: 58 – 63。

[88] SIMON B, ZIEMANN S, WEIL M. Potential metal requirement of active materials in lithium – ion battery cells of electric vehicles and its impact on reserves: Focus on Europe [J]. Resources, Conservation and Recycling, 2015, 104: 300 – 310。

[89] SUN X, HAO H, ZHAO F, et al. Global Lithium Flow 1994 – 2015: Implications for Improving Resource Efficiency and Security [J]. Environmental Science & Technology, 2018, 52 (5): 2827 – 2834。

[90] SUN X, HAO H, ZHAO F, et al. Tracing global lithium flow: A trade – linked material flow analysis [J]. Resources, Conservation and Recycling, 2017, 124: 50 – 61。

[91] ZIEMANN S, WEIL M, SCHEBEK L. Tracing the fate of lithium –

The development of a material flow model [J]. Resources, Conservation and Recycling, 2012, 63: 26 – 34。

[92] HAO H, LIU Z, ZHAO F, et al. Material flow analysis of lithium in China [J]. Resources Policy, 2017, 51: 100 – 106。

[93] USGS. Minerals Yearbook Lithium 2014 [EB/OL]. 2016, https://s3 – us – west – 2. amazonaws. com/prd – wret/assets/palladium/production/mineral – pubs/lithium/myb 1 – 2014 – lithi. pdf。

[94] USGS. Mineral Commodity Summaries 2018 [EB/OL]. 2018, https://pubs. er. usgs. gov/publication/70194932。

[95] USGS. Mineral Commodity Summaries 2019 [EB/OL]. 2019, https://pubs. er. usgs. gov/publication/ 70202434。

[96] USGS. Mineral Commodity Summaries 2011 [EB/OL]. 2011, https://pubs. er. usgs. gov/publication/ mineral2011。

[97] 张念, 张逸航. 未来我国动力电池对锂需求的展望 [J]. 中国有色金属, 2019, 24: 42 – 43。

[98] 张泽南, 张照志, 吴晴, 等. 中国锂矿资源需求预测 [J]. 中国矿业, 2020, 29 (7): 1004 – 4051。

[99] SEGURA – SALAZAR J, TAVARES L M. Sustainability in the minerals industry: seeking a consensus on its meaning [J]. Sustainability, 2018, 10 (5): 1429。

[100] MORAN C, KUNZ N. Sustainability as it pertains to minerals and energy supply and demand: a new interpretative perspective for assessing progress [J]. Journal of cleaner production, 2014, 84: 16 – 26。

[101] PETRIE J. New models of sustainability for the resources sector: a focus on minerals and metals [J]. Process Safety and Environmental Protection, 2007, 85 (1): 88 – 98。

[102] 龙如银, 杨家慧. 国家矿产资源安全研究现状及展望 [J]. 资源科学, 2018, 40 (3): 465 – 476。

[103] 王昶, 黄健柏. 中国金属资源战略形势变化及其产业政策调整

研究［J］.中国人口·资源与环境,2014,24（S3）:391-394.

［104］严筱,陈莲芳,严良,等.基于PSR模型的我国重要矿产资源安全评价［J］.中国矿业,2016（1）:43-49.

［105］朱学红,邹佳纹,黄健柏.基于信息可替代的有色金属产业安全指标体系构建与评估［J］.软科学,2019,33（2）:38-42,60.

［106］王昶,宋慧玲,左绿水,等.国家金属资源安全研究回顾与展望［J］.资源科学,2017,39（5）:805-817.

［107］KAMSAMRONG J, SORAPIPATANA C. An assessment of energy security in Thailand's power generation［J］. Sustainable Energy Technologies and Assessments, 2014, 7: 45-54.

［108］BADEEB R A, LEAN H H, CLARK J. The evolution of the natural resource curse thesis: A critical literature survey［J］. Resources Policy, 2017, 51: 123-134.

［109］陆挺,刘璇,张艳飞,等.基于产业链分析的中国铟锗镓产业发展战略研究［J］.资源科学,2015,37（5）:1008-1017.

［110］邵帅,杨莉莉.自然资源丰裕、资源产业依赖与中国区域经济增长［J］.管理世界,2010,（9）:26-44.

［111］邵帅.煤炭资源开发对中国煤炭城市经济增长的影响——基于资源诅咒学说的经验研究［J］.财经研究,2010,36（3）:90-101.

［112］GEMECHU E D, HELBIG C, SONNEMANN G, et al. Import-based indicator for the geopolitical supply risk of raw materials in life cycle sustainability assessments［J］. Journal of Industrial Ecology, 2016, 20（1）: 154-165.

［113］谷树忠,成升魁.中国资源报告［M］.北京:商务印书馆,2010.

［114］WÅRELL L. Trends and developments in long-term steel demand-The intensity-of-use hypothesis revisited［J］. Resources Policy, 2014, 39: 134-143.

［115］钟美瑞,谌杰宇,黄健柏,等.基于MSVAR模型的有色金属价

格波动影响因素的非线性效应研究 [J]. 中国管理科学, 2016, 24 (4): 45-53.

[116] HENCKENS M, DRIESSEN P, WORRELL E. How can we adapt to geological scarcity of antimony? Investigation of antimony's substitutability and of other measures to achieve a sustainable use [J]. Resources, Conservation and Recycling, 2016, 108: 54-62.

[117] SVERDRUP H U, RAGNARSDOTTIR K V, KOCA D. An assessment of metal supply sustainability as an input to policy: security of supply extraction rates, stocks-in-use, recycling, and risk of scarcity [J]. Journal of cleaner production, 2017, 140: 359-372.

[118] 王昶, 徐尖, 姚海琳. 城市矿产理论研究综述 [J]. 资源科学, 2014, 36 (8): 1616-1623.

[119] SIMONI M, KUHN E, MORF L S, et al. Urban mining as a contribution to the resource strategy of the Canton of Zurich [J]. Waste management, 2015, 45: 10-21.

[120] DOE. Critical Materials Strategy [EB/OL]. US Department of Energy, 2011 https: // www.energy.gov/sites/prod/files/DOE_CMS2011_FINAL_Full.pdf.

[121] GRANDELL L, LEHTILÄ A, KIVINEN M, et al. Role of critical metals in the future markets of clean energy technologies [J]. Renewable Energy, 2016, 95: 53-62.

[122] MARQUES A C, CABRERA J-M, DE FRAGA MALFATTI C. Printed circuit boards: A review on the perspective of sustainability [J]. Journal of environmental management, 2013, 131: 298-306.

[123] 郭丕斌, 吴青龙, 周喜君, 等. "全产业链" 理论与应用研究: 以山西为例 [M]. 北京: 经济管理出版社, 2014.

[124] POKHREL L R, DUBEY B. Global scenarios of metal mining, environmental repercussions, public policies, and sustainability: A review [J]. Critical reviews in environmental science and technology, 2013, 43 (21):

2352 - 2388.

［125］AZAPAGIC A. Developing a framework for sustainable development indicators for the mining and minerals industry［J］. Journal of cleaner production, 2004, 12（6）: 639 - 662.

［126］陈开朗. 新能源汽车行业中政府、企业和消费者三方的博弈分析［J］. 经济研究导刊, 2015（12）: 72 - 75.

［127］王燕妮. 中国新能源汽车产业支持政策再分析——基于政策工具、价值链和产业链三维度［J］. 现代管理科学, 2017（5）: 33 - 35, 9.

［128］SUN H, GENG Y, HU L, et al. Measuring China's new energy vehicle patents: A social network analysis approach［J］. Energy, 2018, 153: 685 - 693.

［129］张庆彩, 吴椒军, 张先锋. 我国新能源汽车产业链协同发展升级的运行机制及路径探究［J］. 生态经济, 2013（10）: 122 - 125.

［130］SUJAUDDIN M, KOIDE R, KOMATSU T, et al. Ship breaking and the steel industry in Bangladesh: a material flow perspective［J］. Journal of Industrial Ecology, 2017, 21（1）: 191 - 203.

［131］NAKAJIMA K, OHNO H, KONDO Y, et al. Simultaneous material flow analysis of nickel, chromium, and molybdenum used in alloy steel by means of input - output analysis［J］. Environmental science & technology, 2013, 47（9）: 4653 - 4660.

［132］万立军, 黄桂林, 汪洋, 田金信. 基于循环经济模式和供应链理念矿业资源产业链的构建［A］. 中国优选法统筹法与经济数学研究会、南京航空航天大学、《中国管理科学》编辑部、中国科学院科技政策与管理科学研究所. 第八届中国管理科学学术年会本书集［C］. 中国优选法统筹法与经济数学研究会、南京航空航天大学、《中国管理科学》编辑部、中国科学院科技政策与管理科学研究所: 中国优选法统筹法与经济数学研究会, 2006: 4.

［133］刘毅, 陈吉宁. 中国磷循环系统的物质流分析［J］. 中国环境科学, 2006（2）: 238 - 242.

[134] CHEN W Q, GRAEDEL T E. Dynamic analysis of aluminum stocks and flows in the United States: 1900 - 2009 [J]. Ecological Economics, 2012, 81: 92 - 102.

[135] OLMEZ G M, DILEK F B, KARANFIL T, et al. The environmental impacts of iron and steel industry: a life cycle assessment study [J]. Journal of Cleaner Production, 2016, 130: 195 - 201.

[136] KURAMOCHI T. Assessment of midterm CO_2 emissions reduction potential in the iron and steel industry: a case of Japan [J]. Journal of Cleaner Production, 2016, 132: 81 - 97.

[137] LEE J, BAZILIAN M, SOVACOOL B, et al. Responsible or reckless? A critical review of the environmental and climate assessments of mineral supply chains [J]. Environmental Research Letters, 2020, 15 (10): 103009.

[138] MANCHERI N A, SPRECHER B, BAILEY G, et al. Effect of Chinese policies on rare earth supply chain resilience [J]. Resources, Conservation and Recycling, 2019, 142: 101 - 112.

[139] SPRECHER B, DAIGO I, MURAKAMI S, et al. Framework for resilience in material supply chains, with a case study from the 2010 rare earth crisis [J]. Environmental science & technology, 2015, 49 (11): 6740 - 6750.

[140] GULLEY A L, MCCULLOUGH E A, SHEDD K B. China's domestic and foreign influence in the global cobalt supply chain [J]. Resources Policy, 2019, 62: 317 - 323.

[141] SHARMA V K, CHANDNA P, BHARDWAJ A. Green supply chain management related performance indicators in agro industry: A review [J]. Journal of Cleaner Production, 2017, 141: 1194 - 1208.

[142] ALI S H, GIURCO D, ARNDT N, et al. Mineral supply for sustainable development requires resource governance [J]. Nature, 2017, 543 (7645): 367 - 372.

[143] 朱学红, 张宏伟, 黄健柏, 等. 突发事件对国家金属资源安全的冲击影响 [J]. 资源科学, 2018, 40 (3): 486 - 497.

［144］BRUNEAU M, REINHORN A. Overview of the resilience concept［C］. // San Francisco: Proceedings of the 8th US national conference on earthquake engineering, 2006。

［145］张少华, 蒋伟杰. 中国的产能过剩: 程度测算与行业分布［J］. 经济研究, 2017, 1: 89 – 103。

［146］HOUARI Y, SPEIRS J, CANDELISE C, et al. A system dynamics model of tellurium availability for CdTe PV［J］. Progress in Photovoltaics: Research and Applications, 2014, 22（1）: 129 – 146。

［147］SVERDRUP H U, RAGNARSDOTTIR K V. A system dynamics model for platinum group metal supply, market price, depletion of extractable amounts, ore grade, recycling and stocks – in – use［J］. Resources, Conservation and Recycling, 2016, 114: 130 – 152。

［148］IEA. Towards a sustainable energy future［EB/OL］. 2019, https: //www.iea.org/ reports/towards – a – sustainable – energy – future。

［149］张雷. 中国能源安全问题探讨［J］. 中国软科学, 2001, 4: 7 – 12。

［150］吴巧生, 王华, 成金华. 中国可持续发展油气资源安全态势［J］. 中国工业经济, 2003, 12: 48 – 56。

［151］WU K. China's energy security: Oil and gas［J］. Energy Policy, 2014, 73: 4 – 11。

［152］SHARIFUDDIN S. Methodology for quantitatively assessing the energy security of Malaysia and other southeast Asian countries［J］. Energy Policy, 2014, 65: 574 – 582。

［153］ANG B W, CHOONG W L, NG T S. Energy security: Definitions, dimensions and indexes［J］. Renewable and Sustainable Energy Reviews, 2015, 42: 1077 – 1093。

［154］SEBITOSI A. Energy efficiency, security of supply and the environment in South Africa: Moving beyond the strategy documents［J］. Energy, 2008, 33（11）: 1591 – 1596。

[155] KEMMLER A, SPRENG D. Energy indicators for tracking sustainability in developing countries [J]. Energy policy, 2007, 35 (4): 2466-2480.

[156] SOVACOOL B K, VALENTINE S V, JAIN BAMBAWALE M, et al. Exploring propositions about perceptions of energy security: An international survey [J]. Environmental Science and Policy, 2012, 16: 44-64.

[157] BLUM H, LEGEY L F L. The challenging economics of energy security: Ensuring energy benefits in support to sustainable development [J]. Energy Economics, 2012, 34: 1982-1989.

[158] HAMILTON J D, WU J C. Effects of index fund investing on commodity futures prices [J]. International economic review, 2015, 56 (1): 187-205.

[159] READY R C. Oil consumption, economic growth, and oil futures: The impact of long-run oil supply uncertainty on asset prices [J]. Journal of Monetary Economics, 2018, 94: 1-26.

[160] SCHEITRUM D P, CARTER C A, REVOREDO-GIHA C. WTI and Brent futures pricing structure [J]. Energy Economics, 2018, 72: 462-469.

[161] LAMMERDING M, STEPHAN P, TREDE M, et al. Speculative bubbles in recent oil price dynamics: Evidence from a Bayesian Markov-switching state-space approach [J]. Energy Economics, 2013, 36: 491-502.

[162] BASAK S, PAVLOVA A. A model of financialization of commodities [J]. The Journal of Finance, 2016, 71 (4): 1511-1556.

[163] CZUDAJ R L. Crude oil futures trading and uncertainty [J]. Energy Economics, 2019, 80: 793-811.

[164] 谷树忠, 吴太平. 中国新时代自然资源治理体系的理论构想 [J]. 自然资源学报, 2020, 35 (8): 1802-1816.

[165] 于宏源. 地缘政治与全球市场: 全球资源治理的两种逻辑 [J]. 欧洲研究, 2021, 39 (1): 102-122, 7-8.

[166] AYUK E, PEDRO A, EKINS P, et al. Mineral Resource Governance in the 21st Century: Gearing extractive industries towards sustainable development [EB/OL]. International Resource Panel, 2020, https://www.resourcepanel.org/reports/mineral-resource-governance-21st-century.

[167] HAYWARD T. The centre of gravity in the global energy market has changed and we need to wake up [EB/OL]. The Telegraph. 2009, https://www.telegraph.co.uk/finance/oilprices/5492000/The-centre-of-gravity-in-the-global-energy-market-has-changed-and-we-need-to-wake-up.html。

[168] 国务院发展研究中心, HOUSE C. Navigating the New Normal: China and Global Resource Governance [EB/OL]. 2016, https://www.chathamhouse.org/2016/01/navigating-new-normal-china-and-global-resource-governance。

[169] 范英, 衣博文. 能源转型的规律、驱动机制与中国路径 [J]. 管理世界, 2021, 37 (8): 95-105。

[170] IEA. The Role of Critical World Energy Outlook Special Report Minerals in Clean Energy Transitions [EB/OL]. 2021, https://www.iea.org/reports/the-role-of-critical-minerals-in-clean-energy-transitions。

[171] 吴巧生, 成金华. 推进矿产资源全球治理模式创新 [N]. 中国社会科学报, 2020-07-08 (3).

[172] Myint H. The "classical theory" of international trade and the underdeveloped countries [J]. The Economic Journal, 1958, 68 (270): 317-337。

[173] SCHOTT P K. Across-product versus within-product specialization in international trade [J]. The Quarterly Journal of Economics, 2004, 119 (2): 647-678。

[174] DAVIS G A. Trade in mineral resources [EB/OL]. WTO Staff Working Paper, 2010. doi: 10.30875/dee4ade2-en。

[175] CHANG K F, LIN J X, LIN S M. Revisiting the Dutch disease the-

sis from the perspective of value – added trade [J]. Resources Policy, 2021, 72: 102103。

[176] JOHNSON R C, NOGUERA G. Accounting for intermediates: Production sharing and trade in value added [J]. Journal of international Economics, 2012, 86 (2): 224 – 236。

[177] HUMMELS D, SKIBA A. Shipping the good apples out? An empirical confirmation of the Alchian – Allen conjecture [J]. Journal of political Economy, 2004, 112 (6): 1384 – 1402。

[178] DAW G. Security of mineral resources: A new framework for quantitative assessment of criticality [J]. Resources Policy, 2017, 53: 173 – 189。

[179] ZHU Z, DONG Z, ZHANG Y, et al. Strategic mineral resource competition: Strategies of the dominator and nondominator [J]. Resources Policy, 2020, 69: 101835。

[180] 吴巧生, 成金华, 周娜, 等. "三稀"矿产资源领域的大国博弈与我国应对之策 [N]. 中国矿业报, 2020 – 04 – 17。

[181] 世界银行. Global Value Chain Development Report 2019: Technological Innovation, Supply Chain Trade and Workers in a Globalized World [EB/OL]. 2019 https://www.worldbank.org/en/topic/trade/publication/global – value – chain – develop ment – report – 2019。

[182] GEREFFI G, HUMPHREY J, STURGEON T. The governance of global value chains [J]. Review of international political economy, 2005, 12 (1): 78 – 104。

[183] 刘洪钟. 全球价值链治理、政府能力与中国国际经济权力提升 [J]. 社会科学, 2021 (5): 3 – 20。

[184] ARNDT S W, KIERZKOWSKI H. Fragmentation: New production patterns in the world economy [M]. Oxford: Oxford University Press, 2001。

[185] GEREFFI G. Global value chains and development: Redefining the contours of 21st century capitalism [M]. Cambridge: Cambridge University Press, 2018。

[186] DE BACKER K, FLAIG D. The future of global value chains: Business as usual or "a new normal"? [EB/OL]. 2017 http://www.iberglobal.com/files/2017-2/GVCs-_future_OCDE.pdf。

[187] DUNNING J H. The eclectic paradigm as an envelope for economic and business theories of MNE activity [J]. International business review, 2000, 9 (2): 163-190。

[188] CNUCED. Tracing the value added in global value chains: product-level case studies in China [EB/OL]. https://unctad.org/system/files/official-document/ditctncd2015d1_en.pdf。

[189] STRANGE R, HUMPHREY J. What lies between market and hierarchy? Insights from internalization theory and global value chain theory [J]. Journal of International Business Studies, 2019, 50 (8): 1401-1413。

[190] BUCKLEY P J, STRANGE R. The governance of the global factory: Location and control of world economic activity [J]. Academy of Management Perspectives, 2015, 29 (2): 237-249。

[191] LEE J, GEREFFI G. Global value chains, rising power firms and economic and social upgrading [J]. Critical perspectives on international business, 2015, (6): 319-339。

[192] 林毅夫. 后发优势与后发劣势——与杨小凯教授商榷 [J]. 经济学（季刊），2003（3）：989-1004。

[193] 张宇燕. 跨越"大国赶超陷阱" [J]. 世界经济与政治，2018 (1): 1。

[194] HAUGE J. Industrial policy in the era of global value chains: Towards a developmentalist framework drawing on the industrialisation experiences of South Korea and Taiwan [J]. The World Economy, 2020, 43 (8): 2070-2092。

[195] LEE K, QU D, MAO Z. Global Value Chains, Industrial Policy, and Industrial Upgrading: Automotive Sectors in Malaysia, Thailand, and China in Comparison with Korea [J]. The European Journal of Development Research,

2021, 33 (2): 275-303.

［196］LEBDIOUI A. The political economy of moving up in global value chains: how Malaysia added value to its natural resources through industrial policy [J]. Review of International Political Economy, 2020 (11): 1-34.

［197］江飞涛, 李晓萍. 改革开放四十年中国产业政策演进与发展——兼论中国产业政策体系的转型 [J]. 管理世界, 2018, 34 (10): 73-85.

［198］洪俊杰, 商辉. 中国开放型经济发展四十年回顾与展望 [J]. 管理世界, 2018, 34 (10): 33-42.

［199］姜辉. 正确认识我国发展环境的"变"与"不变" [EB/OL]. 2021, http://theory.people.com.cn/n1/2021/0216/c40531-32029928.html.

［200］唐荣, 黄抒田. 产业政策、资源配置与制造业升级: 基于价值链的视角 [J]. 经济学家, 2021 (1): 63-72.

［201］LUTTWAK E N. The endangered American dream, how to stop the United States from becoming a Third World country and how to win the geo-economic struggle for industrial supremacy [M]. New York: Simon and Schuster, 1993.

［202］倪世雄. 当代西方国际关系理论 [M]. 上海: 复旦大学出版社, 2004.

［203］MATHEWS J T. Redefining security [J]. Foreign affairs, 1989, 68 (2): 162-177.

［204］韩银安. 地缘经济学与中国地缘经济战略 [M]. 北京: 世界知识出版社, 2011.

［205］MASOUDI S M, EZZATI E, RASHIDNEJAD-OMRAN N, et al. Geoeconomics of fluorspar as strategic and critical mineral in Iran [J]. Resources Policy, 2017, 52: 100-106.

［206］HUMPHREYS D. Minerals: industry history and fault lines of conflict [M]. Global Resources. Springer. 2013: 33-58.

［207］LE BILLON P. The political ecology of war: natural resources and armed conflicts [J]. Political geography, 2001, 20 (5): 561-584.

［208］ANDERSON E W. The geopolitics of military material supply [J].

GeoJournal, 1993, 31 (2): 207-213。

[209] HELBIG C, BRADSHAW A M, KOLOTZEK C, et al. Supply risks associated with CdTe and CIGS thin-film photovoltaics [M]. Applied Energy. Elsevier Ltd. 2016: 422-433。

[210] EC. Communication on the list of critical raw materials 2017 [M]. 2017。

[211] 王妍妍,孙佰清. 中国国家安全体系的演变历程、内在逻辑与战略选择 [J]. 社会主义研究, 2021 (4): 156-163。

[212] 刘跃进. 非传统的总体国家安全观 [J]. 国际安全研究, 2014, 32 (6): 3-25, 151。

[213] 李兰冰,高雪莲,黄玖立. "十四五"时期中国新型城镇化发展重大问题展望 [J]. 管理世界, 2020, 36 (11): 7-22。

[214] 习近平. 论把握新发展阶段、贯彻新发展理念、构建新发展格局 [M]. 北京: 中央文献出版社, 2021。

[215] 马建堂,赵昌文. 更加自觉地用新发展格局理论指导新发展阶段经济工作 [J]. 管理世界, 2020, 36 (11): 1-6, 231。

[216] 王一鸣. 百年大变局、高质量发展与构建新发展格局 [J]. 管理世界, 2020, 36 (12): 1-13。

[217] 高培勇. 构建新发展格局: 在统筹发展和安全中前行 [J]. 经济研究, 2021, 56 (3): 4-13。

[218] 黄群慧. 新发展格局的理论逻辑、战略内涵与政策体系——基于经济现代化的视角 [J]. 经济研究, 2021, 56 (4): 4-23。

[219] 张永亮. "双循环"新发展格局: 事关全局的系统性深层次变革 [J]. 价格理论与实践, 2020 (7): 4-7, 12。

[220] 江小涓,孟丽君. 内循环为主、外循环赋能与更高水平双循环——国际经验与中国实践 [J]. 管理世界, 2021, 37 (1): 1-19。

[221] 汤铎铎,刘学良,倪红福,等. 全球经济大变局、中国潜在增长率与后疫情时期高质量发展 [J]. 经济研究, 2020, 55 (8): 4-23。

[222] 于宏源. 矿产资源安全与"一带一路"矿产资源风险应对

[J]. 太平洋学报, 2018, 26 (5): 51-56.

[223] 刘丽君, 王登红, 刘喜方, 等. 国内外锂矿主要类型, 分布特点及勘查开发现状 [J]. 中国地质, 2017, 44 (2): 263-278.

[224] 陈其慎, 张艳飞, 邢佳韵, 等. 国内外战略性矿产厘定理论与方法 [J]. 地球学报, 2021, 42 (2): 137-144.

[225] 李政, 姜兴伟, 麻林巍, 等. 中国建设"矿产资源强国"的内涵探讨和政策建议 [J]. 中国工程科学, 2019, 21 (1): 55-60.

[226] CHRISTMANN P. Towards a more equitable use of mineral resources [J]. Natural Resources Research, 2018, 27 (2): 159-177.

[227] GOH E, EFFENDI S. Overview of an effective governance policy for mineral resource sustainability in Malaysia [J]. Resources Policy, 2017, 52: 1-6.

[228] JASIŃSKI D, CINELLI M, DIAS L C, et al. Assessing supply risks for non-fossil mineral resources via multi-criteria decision analysis [J]. Resources Policy, 2018, 58: 150-158.

[229] KAMENOPOULOS S N, AGIOUTANTIS Z. Geopolitical Risk Assessment of Countries with Rare Earth Element Deposits [J]. Mining, Metallurgy & Exploration, 2020, 37 (1): 51-63.

[230] HENCKENS M, BIERMANN F, DRIESSEN P. Mineral resources governance: A call for the establishment of an International Competence Center on Mineral Resources Management [J]. Resources, Conservation and Recycling, 2019, 141: 255-263.

[231] PAULICK H, NURMI P. Mineral Raw Materials-Meeting the Challenges of Global Development Trends [J]. BHM Berg- und Hüttenmännische Monatshefte, 2018, 163 (10): 421-426.

[232] 周娜, 吴巧生, 薛双娇. 新时代战略性矿产资源安全评价指标体系构建与实证 [J]. 中国人口·资源与环境, 2020, 30 (12): 55-65.

[233] 刘平阔, 王志伟. 中国"能源转型"是否合理: 能源替代——互补关系的实证研究 [J]. 中国软科学, 2019, (8): 14-30.

[234] 周娜, 吴巧生, 王然, 等. "一带一路"国家天然气投资绩效评

价及其改进路径 [J]. 中国人口·资源与环境, 2017, 27 (7): 60-71。

[235] 王昶, 宋慧玲, 左绿水, 等. 中国优势金属供应全球需求的风险评估 [J]. 自然资源学报, 2018, 33 (7): 1218-1229。

[236] 彭齐鸣. 提高战略性矿产供应能力, 推动新兴产业快速发展: 在"战略性矿产供需形势分析研讨会"上的讲话 [J]. 国土资源情报, 2017, 41 (1): 1-3。

[237] 吴巧生, 薛双娇. 中美贸易变局下关键矿产资源供给安全分析 [J]. 中国地质大学学报 (社会科学版), 2019, 19 (5): 69-78。

[238] 洪娜. 从"全球主义"到"美国优先": 特朗普经济政策转向的悖论、实质及影响 [J]. 世界经济研究, 2018 (10): 48-54。

[239] YAO L, CHANG Y. Energy security in China: A quantitative analysis and policy implications [J]. Energy Policy, 2014, 67: 595-604。

[240] CHUANG M C, MA H W. An assessment of Taiwan's energy policy using multi-dimensional energy security indicators [J]. Renewable and Sustainable Energy Reviews, 2013, 17: 301-311。

[241] MÅNBERGER A, JOHANSSON B. The geopolitics of metals and metalloids used for the renewable energy transition [J]. Energy Strategy Reviews, 2019, 26: 100394。

[242] 陈军, 成金华. 中国矿产资源开发利用的环境影响 [J]. 中国人口·资源与环境, 2015, 25 (3): 111-119。

[243] TILTON J E, GUZMÁN J I. Mineral economics and policy [M]. London: Routledge, 2016。

[244] 吴巧生, 成金华. 协同推进绿色低碳发展与矿产资源保障 [N]. 中国社会科学报, 2021-08-25。

[245] IRENA. 全球能源转型: 2050 路线图, 执行摘要 [EB/OL]. 2018, https://www.irena.org/-/media/Files/IRENA/Agency/Publication/2018/Apr/IREN A_Global_Energy_Transformation_2018_summary_ZH.pdf?la=en&hash=29BB6BF6762815FDE6AB505F47C057E369A340F8。

[246] ZHOU N, WU Q, HU X, et al. Synthesized indicator for evaluating

security of strategic minerals in China: A case study of lithium [J]. Resources Policy, 2020, 69: 101915.

[247] LU B, LIU J, YANG J. Substance flow analysis of lithium for sustainable management in mainland China: 2007 – 2014 [J]. Resources, Conservation and Recycling, 2017, 119: 109 – 116.

[248] BGS. Mineral profile – lithium [EB/OL]. 2016 http://www. bgs. ac. uk/downloads/start. cfm? id = 3100.

[249] AMBROSE H, KENDALL A. Understanding the future of lithium: Part 1, resource model [J]. Journal of Industrial Ecology, 2020, 24 (1): 80 – 89.

[250] LEGERS L. The trouble with lithium2 [EB/OL]. 2008. https://pdf4pro. com/amp/view/the – trouble – with – lithium – 2 – meridian – international – research – 5b5162. html.

[251] TAHIL W. The trouble with lithium: implications of future PHEV production for lithium demand [EB/OL]. 2007 http://www. meridian – int – res. com/Projects/Lithium_ Problem_2. pdf.

[252] SUN X, HAO H, ZHAO F, et al. The dynamic equilibrium mechanism of regional lithium flow for transportation electrification [J]. Environmental science & technology, 2018, 53 (2): 743 – 751.

[253] 头豹研究院. 2019 年中国锂矿石行业研究概览 [EB/OL]. 2019, http://pdf. dfcfw. com/pdf/ H3_AP202009011406021852_1. pdf.

[254] BAARS J, DOMENECH T, BLEISCHWITZ R, et al. Circular economy strategies for electric vehicle batteries reduce reliance on raw materials [J]. Nature Sustainability, 2021, 4 (1): 71 – 79.

[255] 中华人民共和国工业和信息化部.《节能与新能源汽车技术路线图 2.0》正式发布 [EB/OL]. 2020, https://www. miit. gov. cn/jgsj/zbys/qcgy/art/2020/art_7eea943abda746339d899bd5fd520c92. html.

[256] HAO H, GENG Y, SARKIS J. Carbon footprint of global passenger cars: Scenarios through 2050 [J]. Energy, 2016, 101: 121 – 131.

[257] HAO H, LIU Z, ZHAO F, et al. Scenario analysis of energy consumption and greenhouse gas emissions from China's passenger vehicles [J]. Energy, 2015, 91: 151-159。

[258] HAO H, WANG H, OUYANG M. Fuel conservation and GHG (Greenhouse gas) emissions mitigation scenarios for China's passenger vehicle fleet [J]. Energy, 2011, 36 (11): 6520-6528。

[259] 中华人民共和国中央人民政府. 国务院办公厅关于加快新能源汽车推广应用的指导意见 [EB/OL]. 2014, http://www.gov.cn/zhengce/content/2014-07/21/content_8936.htm。

[260] 恒大研究院. 中国新能源汽车发展报告: 2019 [EB/OL]. 2019, http://pdf.dfcfw.com/pdf/H3_AP201909231365565692_1.pdf。

[261] DOE. Electrochemical Energy Storage Technical Team Roadmap [EB/OL]. 2019, https://www.energy.gov/eere/vehicles/downloads/us-drive-electrochemical-energy-storage-technical-team-roadmap。

[262] IEA. Global EV outlok 2017 [EB/OL]. 2017, https://www.iea.org/reports/global-ev-outlook-2017。

[263] PETER S, NIC L, CHIH-WEI H. How technology, recycling, and policy can mitigate supply risks to the long-term transition to zero-emission vehicles [EB/OL]. 2020, https://www.researchgate.net/profile/Nicholas-Lutsey/publication/346972651_How_technology_recycling_and_policy_can_mitigate_supply_risks_to_the_long-term_transition_to_zero-emission_vehicles/links/5fd6966fa6fdccdcb8c47f4f/How-technology-recycling-and-policy-can-mitigate-supply-risks-to-the-long-term-transition-to-zero-emission-vehicles.pdf。

[264] IEA. Gloval EV outlook 2020 [EB/OL]. 2020, https://www.iea.org/reports/global-ev-outlook-2020。

[265] 袁小晶, 马哲, 李建武. 中国新能源汽车产业锂资源需求预测及建议 [J]. 中国矿业, 2019, 28 (8): 61-65。

[266] BLENGINI G A, BLAGOEVA D, DEWULF J, et al. Methodology

for Establishing the EU List of Critical Raw Materials: Guidelines [EB/OL]. 2017, https://publications.jrc.ec.europa.eu/repository/handle/JRC107008.

[267] SUN B D, LIU J P, WANG X H, et al. Geochemical characteristics and genetic type of a lithium ore (mineralized) body in the central Yunnan Province, China [J]. China Geology, 2019, 2 (3): 287-300.

[268] 乜贞, 卜令忠, 郑绵平. 中国盐湖锂资源的产业化现状——以西台吉乃尔盐湖和扎布耶盐湖为例 [J]. 地球学报, 2010, 31 (1): 95-101.

[269] 青海省人民政府. 大柴旦盐湖提锂生产工艺实现新突破 [EB/OL]. 2017, http://www.qh.gov.cn/dmqh/system/2017/01/02/010246667.shtml.

[270] 周思凡, 郑佳, 赵蕴华, 等. 产业链视角下我国锂产业发展现状与建议 [J]. 资源与产业, 2017, 19 (6): 22-29.

[271] WU G, LIU L C, HAN Z Y, et al. Climate protection and China's energy security: Win-win or tradeoff [J]. Applied Energy, 2012, 97: 157-163.

[272] WANG X, QIN L, ZHANG H, et al. A Regularized Multivariate Regression Approach for eQTL Analysis [J]. Statistics in Biosciences, 2015, 7 (1): 129-146.

[273] ZHOU N, WU Q, HU X, et al. Evaluation of Chinese natural gas investment along the Belt and Road Initiative using super slacks-based measurement of efficiency method [J]. Resources Policy, 2020, 67: 101668.

[274] VIVODA V. Evaluating energy security in the Asia-Pacific region: A novel methodological approach [J]. Energy Policy, 2010, 38 (9): 5258-5263.

[275] DUCLOS S J, OTTO J P, KONITZER D G. Design in an era of Constrained Resources [J]. Mechanical Engineering, 2010, 132 (9): 36-40.

[276] BP. Statistical Review of World Energy 2020 [EB/OL]. 2020, https://www.bp.com/content/dam/bp/business-sites/en/global/corporate/pdfs/energy-economics/statistical-review/bp-stats-review-2020-full-report.pdf.

［277］ UNEP. Human development data［DB/OL］. 2020, http：//hdr. undp. org/en/data。

［278］ FRASER INSTITUTE. Annual Survey of Mining Companies［EB/OL］. 2020, https：//www. fraserinstitute. org/ studies/annual‐survey‐of‐mining‐companies‐2020。

［279］ SEDAC. Environmental Performance Index［DB/OL］. 2020, https：//sedac. ciesin. columbia. edu/data/collection/epi。

［280］ WORLD BANK. Worldwide Governance Indicators［DB/OL］. 2019, https：//databank. worldbank. org/source/worldwide‐governance‐indicators。

［281］ SIEVERS H, TERCERO L. Critical minerals for the EU［EB/OL］. 2012, https：//www. isi. fraunhofer. de/content/dam/isi/dokumente/ccn/polinares/Polinares_WP_31_March_2012. pdf。

［282］ UNEP. Recycling Rates of Metals：A Status Report［EB/OL］. 2011, https：//wedocs. unep. org/ handle/20. 500. 11822/8702。

［283］ 赣锋锂业. 江西赣锋锂业股份有限公司2017年年度报告［EB/OL］. 2018. https：//quotes. money. 163. com /f10/ ggmx_ 002460_4186795. html。

［284］ 中华人民共和国商务部. 外商投资产业指导目录（2011年修订）［EB/OL］. 2011, http：//wzs. mofcom. gov. cn/article/n/201112/20111207907751. shtml。

［285］ 中华人民共和国国家发展和改革委员会. 外商投资产业指导目录（2007年修订）［EB/OL］. 2007, https：//www. ndrc. gov. cn/fggz/lywzjw/zcfg/200711/t2007 1107_1046 937. html。

［286］ 中华人民共和国国家发展和改革委员会. 外商投资产业指导目录（2015年修订）［EB/OL］. 2015, https：//www. ndrc. gov. cn/fggz/lywzjw/zcfg/201503/t2015 0313_1046 968. html。

［287］ 中华人民共和国国家发展和改革委员会. 外商投资产业指导目录（2017年修订）［EB/OL］. 2017, http：//www. gov. cn/xinwen/2017‐06/28/content_520642 4. htm。

［288］ LAL N S, ATKINS M J, WALMSLEY T G, et al. Insightful heat exchanger network retrofit design using Monte Carlo simulation [J]. Energy, 2019, 181: 1129 – 1141.

[289] TOKDEMIR ONUR B, EROL H, DIKMEN I. Delay Risk Assessment of Repetitive Construction Projects Using Line – of – Balance Scheduling and Monte Carlo Simulation [J]. Journal of Construction Engineering and Management, 2019, 145 (2): 04018132.

[290] ANG B W, CHOONG W L, NG T S. A framework for evaluating Singapore's energy security [J]. Applied Energy, 2015, 148: 314 – 325.

[291] 刘晓星, 张旭, 李守伟. 中国宏观经济韧性测度——基于系统性风险的视角 [J]. 中国社会科学, 2021 (1): 12 – 32, 204.

[292] GHOLZ E, PRESS D G. Protecting "the prize": oil and the US national interest [J]. Security Studies, 2010, 19 (3): 453 – 485.

[293] OLSON D L. Systems perspective of the primary aluminum supply chain: Unintended consequences of participant policies [J]. Human Systems Management, 2015, 34 (4): 237 – 248.

[294] MANCHERI N A, SPRECHER B, DEETMAN S, et al. Resilience in the tantalum supply chain [J]. Resources, Conservation and Recycling, 2018, 129: 56 – 69.

[295] SPRECHER B, DAIGO I, SPEKKINK W, et al. Novel Indicators for the Quantification of Resilience in Critical Material Supply Chains, with a 2010 Rare Earth Crisis Case Study [J]. Environmental Science & Technology, 2017, 51 (7): 3860 – 3870.

[296] STERMAN J. Business Dynamics Systems Thinking and Modeling [M]. New York: McGraw Hill Higher Education, 2000.

[297] BOTHA A, GROBLER J, YADAVALLI V S. System dynamics comparison of three inventory management models in an automotive parts supply chain [J]. Journal of Transport and Supply Chain Management, 2017, 11 (1): 1 – 12.

[298] GU Q L, GAO T G. Joint decisions for R/M integrated supply chain

using system dynamics methodology [J]. International journal of production research, 2012, 50 (16): 4444-4461.

[299] 周娜, 吴巧生, 汪金伟. 中国页岩气产业发展的财税政策仿真 [J]. 中国地质大学学报 (社会科学版), 2019, 19 (3): 75-89.

[300] 王燕武, 吴华坤. 企业存货调整与中国财政政策的效力发挥 [J]. 管理世界, 2019, 35 (1): 61-77.

[301] 徐明东, 陈学彬. 中国工业企业投资的资本成本敏感性分析 [J]. 经济研究, 2012, 47 (3): 40-52, 101.

[302] 景鹏, 郑伟. 国有资本划转养老保险基金与劳动力长期供给 [J]. 经济研究, 2019, 54 (6): 55-71.

[303] AKCIL A, SUN Z, PANDA S. COVID-19 disruptions to tech-metals supply are a wake-up call [J]. Nature, 2020 (11): 1.

[304] 陈甲斌, 霍文敏, 冯丹丹, 等. 中国与美欧战略性 (关键) 矿产资源形势分析 [J]. 中国国土资源经济, 2020, 33 (8): 9-17.

[305] 于宏源, 余博闻. 资源自立与全球治理——欧盟矿产资源安全战略评析 [J]. 欧洲研究, 2017, 35 (2): 85-104, 7.

[306] 崔敏利. 世界主要发达国家在境外矿产资源开发战略 [J]. 地质论评, 2019, 65 (1): 323-325.

[307] 王翘楚, 孙鑫, 郝瀚, 等. 锂的城市矿产利用: 前景、挑战及政策建议 [J]. 科技导报, 2020, 38 (15): 6-15.

参考文献